A MAGIA DAS CARTAS TERAPÊUTICAS

FÁBIO DANTAS

A MAGIA DAS CARTAS TERAPÊUTICAS

Controle suas emoções, tome melhores
decisões e equilibre a sua vida com o poder
dos arquétipos e do alinhamento dos chacras

academia

Copyright © Fábio Dantas, 2018
Copyright © Editora Planeta do Brasil, 2018
Todos os direitos reservados.

Preparação: Marcelo Cezar
Revisão: Andrea Bruno e Olívia Tavares
Diagramação: Marcela Badolatto
Capa: Luiz Sanches Junior
Ilustrações de capa e miolo: Jeancarlo Petchas

DADOS INTERNACIONAIS DE CATALOGAÇÃO NA PUBLICAÇÃO (CIP)
ANGÉLICA ILACQUA CRB-8/7057

Dantas, Fábio
    A magia das cartas terapêuticas / Fábio Dantas; ilustrações de Jeancarlo Petchas. – São Paulo: Planeta do Brasil, 2018.
    192 p.

ISBN: 978-85-422-1481-9
Acompanha jogo de cartas

1. Esoterismo 2. Cartomancia I. Título II. Petchas, Jeancarlo

18-1849   CDD 133.3242

Índice para catálogo sistemático:
1. Cartomancia

Ao escolher este livro, você está apoiando o manejo responsável das florestas do mundo

2022
Todos os direitos desta edição reservados à
EDITORA PLANETA DO BRASIL LTDA.
Rua Bela Cintra, 986 – 4º andar
01411-000 – Consolação
São Paulo – SP
www.planetadelivros.com.br
faleconosco@editoraplaneta.com.br

"Passo a passo, num compasso melodioso vamos dançando e deixando para trás tudo o que ficou, porque o que importa é o agora em festa pelo despertar."

Cigano Diogo

Agradeço aos Seres Iluminados do Centro de Formação Espiritual Águas de Aruanda, pela transmissão dos saberes espirituais e estelares.

Agradeço aos ciganos Diogo e Rodrigo, espíritos de alta vibração energética, que me auxiliaram na canalização desta obra.

Agradeço aos familiares, amigos, companheiros de jornada e, em especial, a Thyago Avelino, que sempre me apoiou nessa empreitada.

Agradeço à Renata Carvalho pela confiança e à Editora Planeta pela oportunidade de expandir o conhecimento.

SUMÁRIO

Apresentação 10

Capítulo 1
Jornada das cartas terapêuticas 15

Capítulo 2
Leitura das cartas terapêuticas 21
0. O andarilho 22
1. O mago 27
2. A sacerdotisa 31
3. A imperatriz 35
4. O imperador 39
5. O sacerdote 43
6. Os enamorados 47
7. O carro 51
8. A justiça 55
9. O eremita 58
10. A roda da fortuna 62
11. A força 66
12. O pendurado 70
13. A morte 74
14. A temperança 78
15. O diabo 82
16. A torre 86
17. A estrela 90
18. A lua 93
19. O sol 97
20. O julgamento 100
21. O mundo 104
As cartas sim e não 108

Capítulo 3
Preparação do ambiente para a utilização
das cartas 109

Capítulo 4
Métodos de leitura das cartas................................... 113
1. Carta do dia 114
2. "Sim, não, talvez"..119
3. Três cartas(passado, presente e futuro) 121
4. Péladan 122
5. Mandala terapêutica flor da vida© 124

Capítulo 5
Os chacras 127

Capítulo 6
Cromoterapia 132

Capítulo 7
A magia dos cristais 137

Capítulo 8
A ação terapêutica do banho de ervas...................... 148

Capítulo 9
A numerologia e as cartas terapêuticas 157

Capítulo 10
A força dos salmos... 169

Referências bibliográficas 173

APRESENTAÇÃO

Este livro foi produzido a partir de minhas pesquisas no campo das terapias multidimensionais e, entre elas, observei, de maneira atenta e minuciosa, diversos tipos de tarôs, como o de Marselha, o Egípcio, de Rider-Waite e dos Orixás.

Meus estudos partem de uma linha terapêutica na qual ensino a leitura das cartas por meio de arquétipos combinada com algumas terapias que podem ser utilizadas para o alinhamento dos chacras e o equilíbrio no campo das emoções.

É importante que você saiba que não precisa ser vidente para fazer uma interpretação das cartas de tarô, basta ter bom senso para compreender aquilo que elas mostram, lembrando que o que for revelado é para nos auxiliar na tomada de decisões.

O termo "oráculo" tem sua origem no latim, *oraculum*, cujo significado é "resposta", isto é, o lugar onde se realizam consultas e se recebem respostas por meio de pessoas que conseguem identificar símbolos ou sinais físicos. É também o nome dado às respostas dos deuses decifradas pelos sacerdotes, a exemplo do Oráculo de Delfos (dedicado ao Deus Apolo, na região central da Grécia), do Oráculo de Zeus (em Dodona) e do Oráculo de Amon (no deserto da Líbia). Historicamente, os oráculos foram uma das primeiras formas de relacionamento entre os seres humanos e as divindades.

Existem diversos estudos e pesquisas sobre as cartas de tarô, mas nenhum deles comprova a sua origem. Alguns acreditam que foi na Itália; outros, na França, na Espanha e até mesmo em países asiáticos, como Índia ou China.

Outros pesquisadores afirmam ainda que o tarô surgiu nos povos de Atlântida e Lemúria. Muitos defendem a ideia de que o tarô, na verdade, nasceu de uma cultura milenar, originária de *O livro de Thoth*, a chave de toda a sabedoria do Antigo Egito.

Um fato bem curioso é que as cartas de tarô reapareceram na Europa no século XIV, através dos povos ciganos, após o contato que tiveram com esse conhecimento na Pérsia. É que, durante o domínio feudal, a leitura das cartas era um dos meios mais rápidos e seguros de se conhecer o destino, ao ponto de os nobres as utilizarem para prever os resultados das batalhas.

Desde então, muitos sábios iniciados tentaram traduzir as cartas e adaptá-las à sua região e filosofia e, por isso, os jogos de tarô receberam diversos nomes, como Marselha, Russo, Medieval, Mitológico etc. Essas cartas apenas homenageiam a região de nascimento de seus criadores.

A sabedoria das cartas de tarô está representada em dois grupos: arcanos maiores e arcanos menores. A palavra "arcano" significa "segredo" ou "mistério" e se refere ao grande mistério da vida. As imagens e os símbolos dos arcanos são codificados por meio da interpretação nas revelações e mensagens, que são passadas ao consulente.

Ainda em relação ao uso terapêutico, as cartas são utilizadas tanto de forma divinatória como instrumento de adivinhação ou autoconhecimento. Na primeira situação, as cartas ajudam o consulente nas infinitas possibilidades acerca do seu futuro e, no caso do autoconhecimento, auxiliam como fator de transformação interior. Portanto, o divinatório conhece os fatos, e o autoconhecimento pretende compreender os fatos já conhecidos.

A terapia das cartas propicia um caminho de compreensão de ritmos e padrões de nossa vida, pois capta nosso campo inconsciente, dando-nos sinais indicativos para a tomada de decisões ou confirmação de dúvidas.

A proposta deste livro é auxiliá-lo quanto aos possíveis acontecimentos de sua vida e à forma como você poderá planejar melhor tais fatos, lembrando que o destino traçado em oráculos pode mudar – sem erros nem acertos –, mas sempre para o nosso melhor, pois as cartas terapêuticas têm o objetivo de nos auxiliar na tomada de decisões.

As cartas terapêuticas têm início com a jornada do Andarilho, que não tem numeração e pode ser utilizada como 0 ou 22. Essa carta indica o caminho até a sabedoria, fazendo analogia com a condição humana, que vai do nascimento até a morte, seguindo as 21 cartas.

O conjunto de 22 cartas pode ser associado aos arcanos maiores do tarô de Marselha, com o acréscimo de mais duas cartas: Sim e Não.

Essas cartas apontam direcionamentos, servindo como alerta para quem as consultar. Elas não expressam fatos concretos e predestinados, mas captam o momento atual, mostrando influências e oportunidades que apenas se concretizarão se forem bem compreendidas e trabalhadas.

Para cada arcano, farei a apresentação da carta e sua leitura nos seguintes campos: finanças, vida social, família, trabalho, amor, saúde e espiritual.

Você conhecerá ainda as ferramentas terapêuticas que podem ser utilizadas de forma simples para modificar o padrão energético encontrado no momento da tiragem de cartas. Por esse motivo, explicarei os chacras, os cristais, a cromoterapia, a numerologia, a fitoterapia e os salmos indicados para cada situação.

Por fim, aconselho você a utilizar esta maravilhosa ferramenta para o autoconhecimento, de forma bem simples. São técnicas de tiragem de cartas que auxiliarão em suas escolhas diárias, ajudando não só no que diz respeito às suas próprias decisões, como também às decisões daqueles que o procurarem para uma consulta ou orientação.

Capítulo 1

JORNADA DAS CARTAS TERAPÊUTICAS

22 dias na força e na frequência

No mundo da magia das cartas, você será convidado a passar por transformações íntimas que trabalharão a expansão da consciência.

Por isso, antes de iniciar o estudo das cartas terapêuticas, apresento os 6 portais da magia, para que você aprenda como se conectar com essa ferramenta.

Depois de cumprir esses ciclos, você não será mais a mesma pessoa, pois já terá o conhecimento efetivo de si mesmo. Isso ocorre porque, depois de ter trabalhado cada sofrimento, cada angústia, cada desencontro do caminho de vida, você estará mais próximo de sua essência, por meio da magia internalizada das cartas terapêuticas.

Primeiro portal

No primeiro portal, eu o convido a retirar uma carta qualquer antes da leitura do livro. Essa carta lhe será de grande importância, pois representa o seu **Eu Infinito**, ou seja, o que você tem vivenciado até este momento.

Recomendo que anote a sua carta para que, ao final dos ciclos, você possa entender a transformação ocasionada depois de todo o processo de ativação.

Segundo portal

No segundo portal, ocorre a energização das cartas terapêuticas. Essa será a sua primeira conexão com a força dessa grande ferramenta de autoconhecimento.

Coloque entre as suas mãos as cartas em sequência numérica, começando com O Andarilho e terminando com a carta O Mundo. Por último, coloque também as cartas Sim e Não.

Faça a oração a Santa Sara Kali, que se encontra a seguir, para estabelecer a sua conexão com as cartas. Depois de fazer essa energização, recomendo não compartilhar suas cartas com outras pessoas.

ORAÇÃO A SANTA SARA KALI

Santa Sara, minha protetora, cubra-me com seu manto celestial. Afaste as negatividades que porventura estejam querendo me atingir.

Santa Sara, protetora dos ciganos, sempre que estivermos nas estradas do mundo, proteja-nos e ilumine nossas caminhadas.

Santa Sara, pela força das águas, pela força da Mãe-Natureza, esteja sempre ao nosso lado com seus mistérios.

Nós, filhos dos Ventos, das Estrelas, da Lua Cheia e do Pai, só pedimos a sua proteção contra os inimigos.

Santa Sara, ilumine nossas vidas com seu poder celestial, para que tenhamos um presente e um futuro tão brilhantes como são os brilhos dos cristais.

Santa Sara, ajude os necessitados; dê luz para os que vivem na escuridão, saúde para os que estão enfermos, arrependimento para os culpados e paz para os intranquilos.

Santa Sara, que o seu raio de paz, de saúde e de amor possa entrar em cada lar neste momento.

Santa Sara, dê esperança de dias melhores para essa humanidade tão sofrida.

Santa Sara milagrosa, protetora do povo cigano, abençoe a todos nós, que somos filhos do mesmo Deus.
Assim seja.

Terceiro portal

O terceiro portal representa a leitura sistemática de cada carta. Comece a partir da carta O Andarilho, seguindo a sequência do capítulo "Leitura das Cartas Terapêuticas".

Procure um lugar tranquilo para fazer a leitura projetiva do conhecimento, prestando atenção nas figuras de cada arquétipo, bem como nas características das situações apresentadas.

Após a leitura de cada carta, anote aquilo que mais lhe chamou a atenção. É importante que você faça anotações de cada uma delas, pois essas informações serão utilizadas no portal a seguir.

Quarto portal

Após ter vivenciado os três portais anteriores, ultrapassado os degraus iniciáticos e avaliado um pouco mais sobre si mesmo, avance no campo das terapias descritas a partir do Capítulo 5, conhecendo seus chacras, aprendendo o uso das cores (cromoterapia), a magia dos cristais (cristaloterapia), o poder das ervas, da numerologia e dos salmos.

Quinto portal

No quinto portal você vai utilizar o método da Mandala Terapêutica Flor da Vida©, disponível no Capítulo 4.

Essa mandala trará a conscientização de todos os aspectos que você precisa trabalhar nesse novo ciclo, desde características pessoais como sua vida financeira e familiar, trabalho, amor, espiritualidade, saúde e vida social, até o fim, com uma carta terapêutica que representará o grande resumo do jogo.

Sexto portal

No sexto portal você vai retirar uma carta que representa o fim de uma jornada. Agora que você já sabe o significado de cada carta, poderá fazer um comparativo com a carta retirada no primeiro portal e reconhecer os avanços empreendidos ao longo da jornada.

Depois da finalização desses portais, você está ativado. A partir de agora, as cartas terapêuticas estão inseridas no seu **Eu Superior**, e esse grandioso instrumento traz esclarecimento rumo às infinitas possibilidades.

Esse momento representa um rompimento de paradigmas íntimos que o tira do padrão de somente entrever doenças e situações prejudiciais, para enxergar toda a sistemática da vida, em seus diversos aspectos, colocando os medicamentos em cada questão pessoal trabalhada.

Depois de acessar os seis portais, vamos dar início à jornada dos 22 dias na força e na frequência das cartas terapêuticas.

Ao longo de 22 dias você será o viajante da grande jornada de sua vida ao longo de uma grande estrada. No primeiro dia você encontrará O Andarilho, em seguida entrará no templo do Mago, depois conhecerá a Grande Sacerdotisa e assim sucessivamente, seguindo a sequência numérica até chegar à carta do Mundo, cujo significado são as infinitas possibilidades.

Após esses 22 dias, tenha a certeza de que todo esse conhecimento fará parte de sua essência. Além do autoconhecimento adquirido, você poderá ajudar outras pessoas sempre que elas vierem lhe pedir auxílio ou orientação.

Capítulo 2

LEITURA DAS CARTAS TERAPÊUTICAS

0. O ANDARILHO

A imagem da carta O Andarilho representa o arquétipo de um jovem à beira de um penhasco, com expressão audaciosa no rosto, cheio de ideias, conhecimentos e com boa vontade para encarar e assumir o seu papel na vida.

Ao seu lado encontra-se um pequeno cachorro tentando mostrar algum perigo imediato, enquanto o jovem segue confiando em seu potencial. O animal pode representar a intuição, que faz o andarilho caminhar sem medo, de forma imprevisível, sem preocupações. Podemos ainda imaginar que o animal tenta trazer o jovem para si, a fim de deter seu impulso, simbolizando também a sociedade que o persegue.

A imagem mostra ainda que o andarilho segura, em uma das mãos, uma vara em cuja extremidade há uma mochila portando seus pertences, apenas o essencial. A mochila encontra-se semiaberta e moedas caem dela. Nela estão contidas as memórias do passado, definindo que o jovem não está preocupado com recursos materiais.

O trevo de quatro folhas na mão esquerda demonstra o desejo puro e espiritual de seguir confiante em sua sorte. É a força vital cósmica se manifestando.

O jovem também está descalço de um dos pés, o que demonstra a pressa em seguir a vida com instabilidade nas decisões.

O Sol representa a energia universal da elevação, e as montanhas simbolizam a realização. O jovem acredita que está sempre guiado por uma força maior que o protege.

As cores das vestes do andarilho, azul e vermelha, representam os chacras frontal e básico, que precisarão ser alinhados na forma terapêutica.

É o arquétipo da busca, da iniciação, da alegria, da criança que existe em cada um de nós. A carta apresenta um andarilho livre para viajar, rumo ao desconhecido, sem apegos e sem olhar para trás, prestes até mesmo a cair no abismo, simbolizando nossos abismos pessoais antes de iniciarmos a nossa jornada.

Também representa desordem, extravagância e certa imaturidade pelo fato de possuir um entusiasmo infantil. Tem dificuldade de manter a concentração diante da incerteza de qual caminho quer seguir.

LEITURA DA CARTA

CONSULENTE Você está vivendo uma fase de despreocupação extrema e pode até aparentar ser uma pessoa irresponsável. Tem certeza do que quer fazer, mas o entusiasmo juvenil pode estar aflorando e deixando você viver apenas de sonhos. Demonstra boa-fé e inocência em alguns aspectos e precisa ter mais firmeza para não ser enganado. Precisa ser mais perseverante e ter certeza das escolhas que faz.

FINANÇAS O momento pede cautela para não gastar suas economias. Evite fazer financiamentos nesse período ou emprestar dinheiro, pois a sua confiança nas pessoas precisa ser reavaliada.

VIDA SOCIAL Existe a possibilidade de viagens longas, a trabalho ou para fazer um intercâmbio, por exemplo. Tenha cuidado com amizades falsas e evite comentários sobre seus projetos pessoais e profissionais.

FAMÍLIA Problemas com cobranças por parte dos pais exigem atenção. Sua maturidade será testada em todos os laços familiares. O desejo de morar sozinho será despertado em você.

TRABALHO Fase de insatisfação e desejo de abandonar o emprego. Necessidade de um trabalho mais livre, sem subordinação hierárquica.

AMOR Instabilidade. Ora está apaixonado de forma desenfreada, perdendo a noção, ora tem dificuldade de se manter apaixonado. Vive uma fase de relacionamento alimentada pelo prazer e pela ilusão.

SAÚDE A ansiedade e o estresse estão aflorados. Você precisa ter cuidado para não tomar medicamentos sem prescrição médica. Recomenda-se que faça caminhadas ao ar livre e respire pausadamente.

ESPIRITUAL A espiritualidade precisa ser bem trabalhada, pois algumas reações físicas estão ligadas a esse campo. Nesse caso, recomenda-se a meditação com cristais e práticas holísticas, como massoterapia, ioga e afins.

CARTA TERAPÊUTICA A carta mostra a necessidade de buscar liberdade e independência, mas com cautela, em todas as áreas da vida.

MENSAGEM
Conquiste sua independência com cautela.

AÇÃO TERAPÊUTICA DA CARTA

Chacras: básico e frontal

Cromoterapia: cor índigo (frontal) e cor vermelha (básico)

Cristaloterapia: lápis-lazúli (frontal) e granada (básico)

Banho de ervas: jasmim (frontal) e dente-de-leão (básico)

Salmo 91: pedir proteção na jornada que se inicia

1. O MAGO

A carta O Mago mostra um jovem em pé diante de uma mesa sobre a qual foram colocadas diversas ferramentas necessárias para desbravar as infinitas possibilidades que a vida oferece.

A taça indica a água (emoção, intuição); a espada representa o ar (razão, pensamento); as moedas retratam a terra (elemento da matéria, do corpo); o cajado simboliza o fogo (energia e ação). Portanto, o mago tem o poder de manipular os quatro elementos.

O bastão na mão representa o símbolo de poder, da clarividência, pois é um instrumento mágico por excelência que mostra a capacidade de mover toda a energia necessária para a grande mudança. Em torno da cabeça do mago há um facho de luz branca simbolizando o infinito, que, por si só, representa a sua fortaleza.

Ao redor de sua cintura encontra-se uma serpente mordendo a própria cauda, o que simboliza a eternidade. A capa do mago, na cor vermelha, representa a paixão.

O jardim significa o subconsciente, que é manipulado pela mente consciente. As rosas vermelhas representam os desejos, e os lírios, a pureza do pensamento.

Tudo isso revela que o mago tem grande alquimia para conseguir o que precisa. Com o bastão em uma das mãos, ele aponta para cima e, com a outra mão, aponta para baixo, mostrando a dualidade, o paradoxo entre o céu e a terra.

LEITURA DA CARTA

CONSULENTE Suas habilidades e intuição estão prontas para se manifestar. Aprenda já a fazer escolhas com confiança. Você tem uma grande quantidade de recursos à disposição, mas não sabe como utilizá-los a seu favor. Está na hora de utilizar sua força interior, mas para isso tem que ser mais decidido e objetivo.

FINANÇAS Novas oportunidades estão surgindo. Se souber utilizar a sua capacidade de administrar os próprios bens, aprenderá a multiplicar seu patrimônio.

VIDA SOCIAL Pequenas viagens são favoráveis neste momento. Confie nas novas amizades que se aproximam e vai se surpreender com as novidades que o universo lhe apresentará.

FAMÍLIA Pessoa equilibrada e conselheira. Sua independência e liberdade de expressão fará com que queira mudar de residência.

TRABALHO Sua liderança fará com que receba uma proposta de promoção ou convite para atividades mais independentes. Tudo dependerá da força de seu pensamento positivo.

AMOR Novos encontros no plano afetivo estão chegando. Se for casado, a harmonia conjugal se estabelecerá e, se for solteiro, aparecerá uma proposta de união, de casamento.

SAÚDE Necessidade de mudar hábitos alimentares para diminuir possíveis dores de cabeça ligadas ao trato intestinal. É necessário utilizar mais a fitoterapia, com chás que possam ajudar na digestão. Tenha cuidado para não ter pensamentos negativos por falta de aproveitamento das oportunidades que aparecem na vida.

ESPIRITUAL Cuidado com o uso incorreto da espiritualidade. Alguém pode estar interferindo em sua vida negativamente nesse campo. Seria interessante estudar mais e buscar práticas holísticas para manter o equilíbrio.

CARTA TERAPÊUTICA Você tem muito potencial que depende da sua força de vontade e de suas habilidades. Use a intuição e o poder de cura para alcançar seus objetivos.

MENSAGEM
Aprenda a usar o seu potencial.

AÇÃO TERAPÊUTICA DA CARTA

Chacra: coronário

Cromoterapia: cor violeta

Cristaloterapia: ametista

Banho de ervas: pitangueira (folhas)

Salmo 75: pedir proteção na caminhada que se inicia

2. A SACERDOTISA

A carta da Sacerdotisa mostra uma mulher com olhar sereno, com uma coroa sobre a cabeça, sentada em um trono, cujo símbolo demonstra poder e autoridade. Ela segura um livro; fonte de conhecimento, dos mistérios, princípio feminino da divindade, simbolizando a pureza e a paz.

A cruz sobre o peito representa os quatro pontos cardeais. Os dois pilares retratam, respectivamente, luz e escuridão, símbolos de dualidade.

A romã simboliza a fruta dos mortos; é a fruta do amor conjugal, do mundo oculto, fértil e repleto de potencial criativo a ser desenvolvido.

A Lua acima da coroa simboliza as coisas ocultas, a força intuitiva que todos nós temos e muitas vezes não respeitamos. Também é o símbolo das ilusões e dos medos que ficam armazenados no inconsciente.

LEITURA DA CARTA

CONSULENTE Está na hora de desenvolver seu potencial intuitivo. Existem segredos que precisam ser revelados. Cuidado para a vaidade não se apoderar de você, fazendo com que se perca em suas habilidades e talentos. A sua dificuldade em demonstrar as emoções reflete a imagem de uma pessoa séria. Desenvolva a sabedoria que está adormecida em seu inconsciente para que tudo possa melhorar na sua vida.

FINANÇAS As coisas não estão fluindo muito por causa da energia de estagnação, sem movimento. Você precisa utilizar a sabedoria para que a área financeira volte a se movimentar.

VIDA SOCIAL Você compartilha de amizades sinceras, tem habilidade para resolver situações de forma amigável e pacificar discussões.

FAMÍLIA Na família, apresenta um comportamento amoroso e gosta de estar em companhia de todos. É uma pessoa desconfiada e que esconde suas emoções.

TRABALHO Momento de espera, de reflexão. Deve reciclar as ideias e lutar mais por suas conquistas. A sabedoria interior será mais uma vez grande aliada para ajudá-lo a sair da zona de conforto e mudar a forma de atuação, caso seja sua vontade.

AMOR O medo de se entregar ao amor é uma característica dessa carta. Existe uma frieza decorrente de mágoa, de algo que aconteceu no passado. Por isso, a busca de realização por meio dos filhos, para quem os tem. Aprenda a seguir a sua intuição e tudo vai se transformar.

SAÚDE É necessário se cuidar para que as emoções não gerem problemas no aparelho reprodutor e inflamação no intestino (alvéolos intestinais, diverticulite e diverticulose). Ficar atento aos problemas circulatórios e nos ossos. Recomenda-se fazer caminhadas e tomar banho de sol.

ESPIRITUAL Necessidade de meditar diariamente para acessar o conhecimento adormecido no inconsciente.

CARTA TERAPÊUTICA A carta pede mais astúcia na resolução de problemas. Use a sabedoria a seu favor.

MENSAGEM
Use melhor a sua sabedoria e paciência.

AÇÃO TERAPÊUTICA DA CARTA

Chacra: umbilical

Cromoterapia: cor laranja

Cristaloterapia: calcita laranja

Banho de ervas: flor de laranjeira

Salmo 77: equilibrar corpo, mente e espírito

3. A IMPERATRIZ

A carta da Imperatriz mostra uma mulher grávida. A gravidez simboliza, nesta carta, a fertilidade feminina, o momento de colher o que foi plantado.

Ela segura um cetro, cujo significado é o domínio sobre o mundo da criação por meio do amor.

Sua coroa tem 12 estrelas que representam os 12 signos do zodíaco ou os 12 meses do ano, reproduzindo o tempo. Além disso, simboliza sucesso, realização e proteção materna.

É a carta da personificação da figura feminina, ou seja, ela é o arquétipo da mulher que governa com amor e dedicação.

É também a carta da abundância, da fertilidade, da felicidade, do progresso e da evolução.

LEITURA DA CARTA

CONSULENTE É uma pessoa que ama a vida e possui muito carisma. Tem o dom da palavra para conseguir tudo o que quer. Consegue executar várias tarefas ao mesmo tempo. Está prestes a receber boas notícias, pois está se abrindo um novo ciclo de situações favoráveis em todos os campos da vida. Mas cuidado para não fazer mau uso daquilo que lhe vem com tanta facilidade.

FINANÇAS Aspecto lucrativo e promissor, com proteção. Possibilidade de aquisição de um imóvel. Atenção aos gastos excessivos.

VIDA SOCIAL Festas, viagens e novas amizades. É uma pessoa muito expressiva e, por isso, os contatos sociais são intensos. Possibilidade de convites para entretenimento e viagens com amigos.

FAMÍLIA Representa a figura materna, que cuida de todos, mas tome cuidado com a imposição de ideias, para não ser mal interpretado.

TRABALHO Sucesso, progresso profissional, êxito nos empreendimentos. Aproveite a habilidade de realizar diversas tarefas ao mesmo tempo.

AMOR Felicidade, encontros promissores, sinceridade. No relacionamento, evite assumir o papel de "mãe" ou "pai" e, com isso, fazer a pessoa sair de sua vida.

SAÚDE Possibilidade de gravidez. Cuidado com a fadiga, a ansiedade, os problemas mentais ou de circulação. Pelo fato de reprimir as emoções, os órgãos que captam líquidos podem ficar bloqueados, como o intestino, o fígado e o pâncreas.

ESPIRITUAL Necessidade de desenvolver a fé. Faça meditação para aguçar seu poder intuitivo.

CARTA TERAPÊUTICA Soluções positivas para problemas de todas as espécies. Use sua força mental para atingir suas metas.

MENSAGEM
Saia da zona de conforto.

AÇÃO TERAPÊUTICA DA CARTA

Chacra: plexo solar

Cromoterapia: cor amarela

Cristaloterapia: citrino

Banho de ervas: alfazema ou lavanda

Salmo 93: solicitar que conceda abundância

4. O IMPERADOR

A carta do Imperador é representada por um homem mais velho, sentado em um trono, com roupas nobres e olhar determinado, representante de um povo, de um país. A presença autoritária indica realizações e projetos a serem desenvolvidos pelo fato de saber o que se quer.

O imperador segura uma espada, que simboliza conquista e liderança. Está olhando para a frente com firmeza, com a certeza de que todos vão cumprir suas regras, por isso o autoritarismo é a marca registrada deste arcano.

É o arquétipo da disciplina, do estrategista, do líder, do grande rei. Utiliza a racionalidade e jamais abre mão de dar a última palavra, o que pode causar a impressão de autoritarismo.

É a carta que representa a perseverança, a diplomacia, a dominação, a imponência, a razão e a riqueza material.

LEITURA DA CARTA

CONSULENTE Pessoa autoritária e com grande poder de liderança. Muito competente no que faz e com domínio sobre outras pessoas. Seu senso de autoconfiança o leva ao sucesso, mas a sua racionalidade faz com que não confie em outras pessoas. Tem uma honestidade indiscutível, mas precisa diminuir a rigidez e a teimosia.

FINANÇAS Equilíbrio, estabilidade nos negócios, situação financeira sólida, segura. Prosperidade. É preciso aprender a praticar mais o desapego, de forma equilibrada.

VIDA SOCIAL Pessoa que gosta de ajudar os outros, porém sempre está no domínio da situação. Tem bastante conhecimento e capacidade de apaziguar relações sociais.

FAMÍLIA Pai/mãe equilibrado, pessoa forte que faz com que respeitem suas ideias, mas com muito autoritarismo. Diante da necessidade de impor o que pensa, acaba se tornando uma pessoa teimosa.

TRABALHO Presença de disputa no campo profissional, novos projetos. Convites para exercer funções de chefia e cargos em que haja controle sobre outras pessoas. Mudanças favoráveis.

AMOR Fase propícia para encontrar alguém especial, o que lhe trará equilíbrio. Possibilidade de novo casamento. Caso esteja se relacionando com alguém, cuidado para não impor suas regras e esfriar a relação.

SAÚDE Diante da necessidade de não perder o controle da situação, existe grande possibilidade de surgirem problemas estomacais e hipertensão. Também poderá desenvolver enxaquecas e circulação deficiente. No campo emocional, pode aumentar a possibilidade de estresse.

ESPIRITUAL Como se trata de uma pessoa racional, que precisa ser convencida de tudo, há certa dificuldade de lidar com o espiritual. Falta de fé.

CARTA TERAPÊUTICA A forma como se expressa pode aparentar que esteja maltratando as pessoas ao seu redor, por isso tenha mais diplomacia interpessoal para alcançar a realização de seus projetos.

MENSAGEM
Seja mais flexível.

AÇÃO TERAPÊUTICA DA CARTA

Chacra: laríngeo

Cromoterapia: cor azul

Cristaloterapia: água-marinha

Banho de ervas: folhas de mangueira

Salmo 144: vencer batalhas e afastar inimigos

5. O SACERDOTE

A carta do Sacerdote é o arquétipo da grande autoridade espiritual, o guardião da moralidade. Ela representa a ponte entre o mundo espiritual e o mundo material. Sua coroa e o cetro representam o poder religioso.

O sacerdote carrega as chaves dos mistérios, e os dois coroinhas que se apresentam à sua frente demonstram o seu poder hierárquico, a ideia de religiosidade ou de fé.

O fundo, de cor cinza, representa o equilíbrio, pois essa cor é a mistura, em partes iguais, do preto e do branco.

As chaves entre os coroinhas simbolizam dois caminhos: um para a porta do céu e outro para a porta do inferno. Por isso, o sacerdote cuida das leis que nos conduzem a Deus.

É o arquétipo do pai espiritual, da sabedoria, da vocação religiosa, do respeito, da força moral, da fidelidade e da paz.

LEITURA DA CARTA

CONSULENTE Necessidade de colocar ordem em sua vida, em todos os aspectos. Tem grande criatividade e possibilidade de exercitar qualquer tarefa, mas existe uma lentidão até que as coisas aconteçam. A estabilidade emocional será uma grande aliada no ciclo que se inicia.

FINANÇAS Lentidão nas finanças. Por esse motivo, você precisa focar mais em sua criatividade para que a vida financeira tenha mais movimento.

VIDA SOCIAL Viagens curtas podem ajudá-lo a dar movimento em vários campos de sua vida. Amigos sinceros fazem parte do seu dia a dia.

FAMÍLIA Bom pai, conservador, conselheiro. Ajuda moral. Mostra dias melhores.

TRABALHO Pessoa competente no que faz, embora execute as tarefas com lentidão. Tem grande poder de organização e criatividade, mas precisa estudar para cumprir bem o seu papel no campo profissional.

AMOR Estabilidade emocional, lealdade. Possibilidade de casamento, mas pode demorar. Cuidado para não cobrar demais do parceiro.

SAÚDE Momento que pede atenção para a região da coluna e dos ossos. É recomendado fazer caminhadas para fortalecer o aparelho locomotor.

ESPIRITUAL A espiritualidade é a grande aliada para proporcionar a abertura de todos os caminhos da vida. Desperte sua fé.

CARTA TERAPÊUTICA A carta inspira proteção, conciliação, harmonia e lentidão.

MENSAGEM
Conduza seus atos com fé.

AÇÃO TERAPÊUTICA DA CARTA

Chacra: cardíaco

Cromoterapia: cor verde

Cristaloterapia: cristal quartzo rosa

Banho de ervas: folhas de manjericão

Salmo 110: estimular a fé e a autoconfiança

6. OS ENAMORADOS

A carta mostra um casal expressando a união de opostos, que se complementam. As duas figuras humanas podem simbolizar Adão e Eva, ou seja, o princípio da polaridade da Criação. A nudez significa a libertação de preconceitos.

Atrás da figura de Adão está a árvore da vida, simbolizando os 12 signos do zodíaco. A árvore do conhecimento está atrás de Eva, com 5 maçãs que, por sua vez, representam os 5 sentidos.

A serpente simboliza a energia Kundalini[1], que ativa os 7 chacras; o morro de terra ao fundo demonstra as elevações, isto é, o sobe e desce constante da vida.

O sol que brilha sobre o casal traz calor e segurança; a terra fértil e verde aos seus pés sugere vida.

A figura do anjo aparece como mediadora, pois haverá o momento em que será necessário utilizar o livre-arbítrio, ou seja, o momento de saber escolher as coisas na vida.

A carta dos Enamorados representa dúvida, insatisfação, necessidade de exercitar suas escolhas, dualidade de caminhos, inconstância na vida.

LEITURA DA CARTA

CONSULENTE Quando essa carta é tirada, o emocional é o ponto central que deve ser trabalhado. Os conflitos sentimentais e as dúvidas são recorrentes e a necessidade de renunciar a algo se faz necessária.

---

1. A energia Kundalini é uma poderosa força que tem como símbolo uma serpente enrolada à base da coluna vertebral. Essa energia representa a energia criativa que se manifesta em nós.

FINANÇAS Dificuldade na parte financeira, pois o sentimento de dúvida está atuando negativamente em vários pontos da sua vida.

VIDA SOCIAL Inquietação nos estudos, na escolha de uma profissão. Inconstância com amigos por desconfiança e apresenta medo de realizar tarefas que exijam a tomada de decisões. É preciso aprender a conviver com outras pessoas.

FAMÍLIA Problemas de discussões com irmãos, pais. Apego excessivo a familiares.

TRABALHO Não tem força para seguir no campo profissional por apresentar desequilíbrio emocional. Busque algo que o realize profissionalmente para criar estímulos. Saia da acomodação.

AMOR Conflitos na área amorosa que geram indecisão. Necessidade de escolha. Infidelidade e ciúmes estão rondando as relações.

SAÚDE Nervosismo, fadiga, desgaste físico, sobretudo nos pés, no estômago e na garganta. Alergia respiratória, asma. Recomenda-se fazer caminhadas.

ESPIRITUAL Necessidade de buscar a fé para que as escolhas sejam firmes e acertadas.

CARTA TERAPÊUTICA A carta mostra período de indefinição e dúvidas. Necessidade de definir o que se quer da vida.

MENSAGEM
Aprenda a fazer escolhas.

AÇÃO TERAPÊUTICA DA CARTA

Chacra: básico

Cromoterapia: cor vermelha

Cristaloterapia: turmalina negra

Banho de ervas: anis-estrelado

Salmo 16: eliminar dúvidas e trazer segurança

7. O CARRO

O arquétipo do carro mostra um homem trajando armaduras e conduzindo dois cavalos que estão direcionados para sentidos opostos: um para a direita e o outro para a esquerda. Os animais representam as possibilidades e escolhas que devemos fazer na vida.

As armaduras simbolizam o guerreiro que está na batalha. A carta sugere o sucesso e o equilíbrio das forças físicas e mentais que existem dentro de nós.

As estrelas na cortina representam a força celestial que o conduz. São as mudanças para melhor.

Essa carta é um convite para seguir com os projetos pessoais que já foram iniciados, chamando a consciência para os freios necessários na grande carruagem da vida.

Simboliza ainda a maturidade para concluir os estágios da vida, mas pede para não alimentar um excesso de confiança em si mesmo, pois isso pode fazê-lo perder a humildade.

LEITURA DA CARTA

CONSULENTE Hora de colocar rédeas na vida e executar o poder de direção, de lutar por aquilo em que acredita, de aprender a manter-se no caminho certo mesmo que puxado em duas direções. Necessidade de ativar a coragem para alcançar o sucesso.

FINANÇAS Movimentação financeira favorável, sem tanta preocupação com os ganhos. Sucesso em atividades que envolvam vendas.

VIDA SOCIAL Momento excelente para viagens de negócios e de estudos, inclusive para o exterior. Apoio da família e amigos.

FAMÍLIA Evite fofocas para não desgastar sua relação com seus pais. Mudança de residência favorável.

TRABALHO Sucesso e progresso rápidos, mas cuidado para não passar por cima das pessoas no intuito de atingir seus objetivos profissionais.

AMOR Início de um novo relacionamento, caso esteja solteiro. Se já tiver compromisso, entrará em uma fase madura, de fidelidade.

SAÚDE Atenção para o desgaste físico, sobretudo nas pernas, joelhos e tendões. Problema de locomoção.

ESPIRITUAL Mostra que você tem grande potencial para assuntos místicos, por isso deve se aprofundar nos estudos para avançar nesse campo.

CARTA TERAPÊUTICA Siga em frente com seus planos, mas use os freios necessários.

MENSAGEM
Assuma as rédeas de sua vida.

AÇÃO TERAPÊUTICA DA CARTA

Chacras: básico e cardíaco

Cromoterapia: cor vermelha e cor verde

Cristaloterapia: obsidiana preta (básico) e turmalina rosa (cardíaco)

Banho de ervas: folhas de limoeiro (chacra cardíaco) e banho de hortelã (chacra básico)

Salmo 64: afastar pessoas negativas do caminho

8. A JUSTIÇA

Essa carta representa o arquétipo do rigor e da aplicação da lei cósmica. A imagem da mulher sentada simboliza autoridade e também passividade, paciência e precaução.

A balança significa a busca de equilíbrio; a espada é símbolo de decisão e, por ser a guardiã da moral e dos bons costumes entre os homens, tem poder para cortar o que estiver fora da ordem universal – ela não pensará duas vezes ao cumprir a sentença.

A carta da Justiça reflete o pleno rigor da Ordem Cósmica, isto é, o equilíbrio, a estabilidade, a lei e o senso de justiça.

LEITURA DA CARTA

CONSULENTE Momento de praticar a imparcialidade e avaliar todas as decisões que precisam ser tomadas. A harmonia deve estar presente para não desgastar as relações com as pessoas à sua volta. Tem força de vontade e habilidade para canalizar as energias necessárias a fim de alcançar seus objetivos.

FINANÇAS Momento que pede prudência, pois qualquer transação equivocada no âmbito financeiro poderá desequilibrar as suas contas. Possibilidade de receber herança.

VIDA SOCIAL Necessidade de observar melhor as amizades para não se envolver em conversas desnecessárias. Deve aprender a pedir ajuda às pessoas.

FAMÍLIA Problemas com parentes. Brigas por causa de herança, divórcios e outros assuntos relacionados à Justiça.

TRABALHO Mudança profissional favorável; por isso, é aconselhável buscar um novo trabalho.

AMOR Tendência a relacionamento frio, podendo resultar em separação. Dificilmente demonstra afeto, apesar de ser fiel.

SAÚDE Inclinação à melancolia e crises emocionais. Dificuldade respiratória.

ESPIRITUAL Precisa energizar-se mais, cuidar mais do EU. Permanecerá em conflito interno até encontrar seu eixo.

CARTA TERAPÊUTICA Hora de encontrar a saída para determinada situação.

MENSAGEM
Dose as suas responsabilidades com equilíbrio.

AÇÃO TERAPÊUTICA DA CARTA

Chacra: plexo solar

Cromoterapia: cor amarela

Cristaloterapia: cristal âmbar

Banho de ervas: alecrim

Salmo 45: clamar por justiça

9. O EREMITA

O arquétipo do eremita mostra um ancião com um manto e um capuz cobrindo-lhe parcialmente a cabeça, representando a sabedoria e o isolamento de si mesmo.

Ele segura em sua mão direita uma lamparina que simboliza a iluminação do momento presente e deve ser mantida acesa para que o futuro seja também iluminado.

Com a mão esquerda, o eremita segura um cajado para apoiá-lo na caminhada que está por vir, com todas as informações já acumuladas ao longo da vida. Representa também o poder espiritual e a autoridade que ele exerce no plano astral.

É o arcano da luz e da sabedoria, grande guardião dos mistérios, da meditação, da personalidade madura e da iluminação.

LEITURA DA CARTA

CONSULENTE Necessidade de buscar o autoconhecimento, de colocar em prática o tempo de isolamento utilizado para adquirir sabedoria. É preciso silenciar mais e esquecer o passado.

FINANÇAS Movimentos parados e diminuição de lucros. É necessário economizar mais para não lhe faltar dinheiro.

VIDA SOCIAL Momento de isolamento, de autoconhecimento. Falta de vontade de sair com pessoas e de viajar. Sentimento de solidão, mesmo com amigos.

FAMÍLIA Momento de reflexão e aprendizado. Talvez sinta necessidade de sair de casa para refletir sobre a vida.

TRABALHO Ritmo reduzido. Tempo favorável a estudos e pesquisas. Busque nessa fase trabalhos individuais, sem tantas pessoas envolvidas.

AMOR Possibilidade de isolamento e de passar mais tempo solitário.

SAÚDE Atenção para problemas nos ossos e depressão. Se estiver com outro problema de saúde, a carta indica melhora.

ESPIRITUAL Força interior. Grande potencial para meditações.

CARTA TERAPÊUTICA A carta demonstra iluminação interior e grande força espiritual a ser usada favoravelmente à pessoa consulente. O verdadeiro caminho está dentro de você.

MENSAGEM
Desperte sua luz interior.

AÇÃO TERAPÊUTICA DA CARTA

Chacra: frontal

Cromoterapia: cor índigo

Cristaloterapia: olho de tigre

Banho de ervas: espinheira-santa

Salmo 119: pedir iluminação e esclarecimento

10. A RODA DA FORTUNA

A carta da Roda da Fortuna representa a grande roda de ciclos que é a vida. Não se sabe onde começa e termina a roda, apenas que ela circula sobre si mesma. Como o jogo da vida, a roda pode ir para a frente ou para trás, dependendo do que foi plantado.

Em um dos lados da roda há um anjo, símbolo da ascensão para um novo estágio da consciência. As asas do arquétipo significam liberdade e elevação.

A cobra, no outro lado da roda, demonstra o paradoxo entre a imortalidade e a morte, pois o veneno tanto pode matar ou ser usado como antídoto.

O ser humano vai escolher que posição tomar, entendendo que nada é estático e que é necessário tomar a melhor decisão. O equilíbrio é o maior desafio para quem tirou essa carta.

LEITURA DA CARTA

CONSULENTE Personalidade dinâmica e com renovação em vários campos da vida. Pelo fato de estar sempre querendo mudar, precisa cuidar para não desprender tanta energia e apresentar variação de humor.

FINANÇAS Mudanças favoráveis no campo das finanças. Aproveite as oportunidades para poupar e fazer circular parte do seu dinheiro.

VIDA SOCIAL Novas relações de amizade com harmonia. Pode surgir convite para viagens.

FAMÍLIA Pessoa apegada à família. Irmão ou pessoas da família podem apresentar problemas financeiros.

TRABALHO Avanço no campo profissional, principalmente se for autônomo. Cuidado com a oscilação da Roda da Fortuna, ou seja, com os altos e baixos da vida.

AMOR Inconsistência amorosa, podendo aparecer um novo amor, caso seja comprometido. Se for solteiro, carta favorável. Cuidado com a rotina.

SAÚDE Atenção às mudanças no estado de ânimo para não desencadear ansiedade e nervosismo.

ESPIRITUAL Negligência no campo espiritual. Inevitável o estudo do campo esotérico e necessidade de exercitar a fé.

CARTA TERAPÊUTICA A carta favorece realizações nos diversos ciclos da vida. Por esse motivo, busque o equilíbrio.

MENSAGEM
Aceite o fluxo dos acontecimentos.

AÇÃO TERAPÊUTICA DA CARTA

Chacras: coronário e laríngeo

Cromoterapia: cores violeta (coronário) e azul (laríngeo)

Cristaloterapia: amazonita (coronário) e larimar (laríngeo)

Banho de ervas: erva-doce (coronário) e noz-moscada (laríngeo)

Salmo 107: transformação

11. A FORÇA

A carta da Força mostra uma mulher (lado racional) segurando um leão (lado irracional).

A tranquilidade como segura a fera revela que a mulher tem a opção de usar o poder da mente para conduzir qualquer situação.

É o arcano do equilíbrio, da superação do lado instintivo pelo autocontrole por meio da mente. É a força da intuição se manifestando, transmitindo segurança.

Em sua cabeça, o símbolo do infinito mostra a evolução por meio da inteligência e da criatividade.

LEITURA DA CARTA

CONSULENTE Alguém com muita energia (física, espiritual e intelectual), grande determinação e com disposição para luta. Possui bom caráter, mas precisa ficar atento. Desejo de concretização e momento de assumir responsabilidade por suas ações.

FINANÇAS Tempo de empreender em todos os setores que possam aparecer no campo das finanças. Boa disposição para enfrentar riscos.

VIDA SOCIAL Sinceridade dos amigos, equilíbrio nas relações e domínio sobre situações que envolvam conversas desnecessárias.

FAMÍLIA Cuidado com momentos turbulentos e divergências, principalmente relacionados a assuntos ligados à sua opinião. Aplique o silêncio e o não julgamento para manter a harmonia no lar.

TRABALHO Liderança e poder de atuação profissional. Se fizer o que gosta, terá um futuro promissor.

AMOR Poder de sedução aflorando e novas ligações sentimentais. Envolvimento em uma paixão passageira e possibilidade de retorno de um ex-parceiro. Cuidado com sentimentos de ciúme e posse.

SAÚDE Boa saúde, mas deve ter cuidado com obesidade, órgãos sexuais, anemia e depressão. Pratique atividades físicas e faça tratamento fitoterápico.

ESPIRITUAL Grande força interior e fé. Seus pensamentos são capazes de atrair grandes feitos.

CARTA TERAPÊUTICA Domine a sua mente para que qualquer dificuldade seja afastada de sua vida. Aproveite a força para ajudar as pessoas próximas.

MENSAGEM
Controle os seus impulsos.

AÇÃO TERAPÊUTICA DA CARTA

Chacras: umbilical e plexo solar

Cromoterapia: cor laranja (umbilical) e cor amarela (plexo solar)

Cristaloterapia: cornalina (umbilical) e pedra do sol (plexo solar)

Banho de ervas: camomila (umbilical) e folhas de bambu (plexo solar)

Salmo 19: alcançar o sucesso e ter força de vontade

12. O PENDURADO

A carta mostra uma pessoa em situação desconfortável, com os braços atrás do corpo, sem conseguir sair do lugar. Mesmo assim, parece estar confortável.

A serpente em um dos pés simboliza a dualidade, o renascimento, a destruição de padrões. A presença dela tem duplo significado: tanto pode ajudar você a sair daquela situação, como também a se entregar ainda mais ao autoengano.

O pendurado vive um momento de sacrifícios e precisa ter coragem e bravura para sair da zona de conforto. Ele já sabe muitas coisas e, às vezes, prefere fingir que não sabe de nada, como sinal de grande fuga. Foge de si próprio.

É o arquétipo do sacrifício e do sofrimento, da passividade, da crise interna e da renúncia.

LEITURA DA CARTA

CONSULENTE Momento de acomodação, de crise interna que demanda solução imediata. Submissão e impotência. Necessidade de lutar para sair de crises internas e externas em vários aspectos da vida. Procure enxergar a vida por um ângulo diferente.

FINANÇAS Atenção com as perdas financeiras. Cuidado para não ser enganado. Sacrifício para auxiliar outras pessoas que estão precisando de ajuda.

VIDA SOCIAL Estagnação e falta de vontade de sair para se divertir. Cuidado com amizades falsas e interesseiras.

FAMÍLIA Aborrecimento com pessoas da família. Vontade de sair de casa por não se sentir bem no ambiente familiar. Impotência. Necessidade de trabalhar o desapego para ver a vida com outros olhos.

TRABALHO Desânimo. Problemas no trabalho. Possibilidade de perda de emprego. Dissabores. Fluxo interrompido dos lucros.

AMOR Traição. Rompimento afetivo. Infidelidade doméstica. Falsas esperanças de amor. Sexo sem satisfação.

SAÚDE Tendência à depressão nervosa, perda da vitalidade, fadiga. Problemas no trato digestivo, nos pulmões e no sistema linfático.

ESPIRITUAL É o único ponto em que a carta é positiva. Evolução espiritual por meio de sacrifícios. Devoção. Necessidade de apegar-se a crenças.

CARTA TERAPÊUTICA Longo período de dificuldades. Reflita sobre as suas ações e espere que a vida se reorganize.

MENSAGEM
Olhe a vida por outro ângulo.

AÇÃO TERAPÊUTICA DA CARTA

Chacra: básico

Cromoterapia: cor vermelha

Cristaloterapia: cristal ônix

Banho de ervas: folhas de louro

Salmo 8: enfrentar dificuldades

13. A MORTE

A carta com o arquétipo da morte traz um ser com aspecto sombrio segurando uma foice. Essa simbologia geralmente aterroriza as pessoas, porém não é necessariamente negativa. É a carta que representa a transformação para algo novo, indicando uma nova forma de encarar a vida.

A ampulheta significa que é preciso se reorganizar. Representa também a hora de deixar tudo para trás, despedindo-se do que foi bom ou ruim.

A não aceitação da mudança causa o sofrimento desse arcano, provocando medo de transformações e falta de coragem para seguir em frente.

LEITURA DA CARTA

CONSULENTE A finalização de ciclos é a principal mensagem dessa carta. A morte não é necessariamente física, mas principalmente de velhas crenças para a abertura de novos caminhos. Por esse motivo, você vive esse momento de tristeza e tem dificuldade de convívio com algumas pessoas.

FINANÇAS Ganhos difíceis e gastos demasiados. Cuidado para não ficar o tempo todo pensando nas finanças, permitindo que esse aspecto da vida lhe sufoque.

VIDA SOCIAL Muita racionalidade no campo social, a ponto de ter dificuldade em relacionamentos por medo de perdas. Cuidado com a agressividade no trato com as pessoas.

FAMÍLIA Atenção às discussões com irmãos ou outros parentes. Necessidade de afastamento para respirar um pouco e refletir antes de tomar decisões que envolvam sua família.

TRABALHO Mudanças radicais, que vão desde a perda ou troca de emprego à aposentadoria. Precisa ter força de vontade para lutar por seus objetivos.

AMOR Discussões no relacionamento que podem pôr fim no casamento. Medo de se entregar e perder o parceiro. Sofrimento que se aproxima caso continue com ideias pessimistas e desconfianças.

SAÚDE Tendência à tristeza, que pode se agravar e causar melancolia ou depressão.

ESPIRITUAL Menosprezo no campo espiritual. Necessidade de renascimento da força interior.

CARTA TERAPÊUTICA Pede o abandono do passado para viver o presente e o futuro, com mudanças verdadeiras de postura. Mude o que precisa ser mudado e siga seu caminho sem apegos.

MENSAGEM
Não tenha medo das mudanças.

AÇÃO TERAPÊUTICA DA CARTA

Chacra: cardíaco

Cromoterapia: cor verde

Cristaloterapia: ágata musgo

Banho de ervas: casca de canela ou canela em pau

Salmo 27: afastar medos e fortalecer o espírito

14. A TEMPERANÇA

A carta mostra um anjo representando o elo entre os planos espiritual e material. Ele desperta o tempo de refletir nesse momento da caminhada. É a união de opostos.

O ato de despejar a água de um vaso para o outro simboliza a moderação, o equilíbrio, a sobriedade. O líquido é a essência da vida e da espiritualidade.

As flores, as montanhas, o céu e o rio indicam o fluxo da vida que segue. Ele é o arcano da moderação, da paciência, da temperança, isto é, das virtudes necessárias para se atingir o equilíbrio e a realização de desejos.

LEITURA DA CARTA

CONSULENTE Carta de uma pessoa serena, que está sempre planejando e esperando o momento certo para alcançar seus objetivos. Muitas vezes as coisas demoram porque se planeja muito, causando insatisfação. Por isso, o autocontrole se faz necessário e você precisa transmutar as energias para acabar com a instabilidade.

FINANÇAS Tendência a melhorar, caso organize os gastos. Harmonize a sua casa interior para que não haja problemas financeiros.

VIDA SOCIAL Estagnação. Necessidade de sair mais para movimentar o campo das amizades e, consequentemente, o fazer fluir.

FAMÍLIA Serenidade no lar, mas cuidado com fofocas. O autocontrole será necessário para não dar importância ao que falam de você.

TRABALHO Evolução lenta, porém regular. Pode surgir um convite de trabalho. Procure ter mais disciplina.

AMOR Amor sem paixão, mas com harmonia. Falta tempero na relação. Passividade.

SAÚDE Problemas com circulação nos membros inferiores e varizes. Tendência à labirintite. É recomendado o uso de florais, argila ou homeopatia para harmonizar-se.

ESPIRITUAL Você acredita na força espiritual e tem forte mediunidade, mas precisa estudar mais a fim de conhecer seu potencial.

CARTA TERAPÊUTICA A carta mostra o eterno recomeço, a liberdade e a paciência de esperar. Pede mais ação e coragem para encarar as mudanças. É hora de se concentrar para poder aplicar o quantitativo energético necessário para cada oportunidade.

MENSAGEM
Saiba esperar.

AÇÃO TERAPÊUTICA DA CARTA

Chacra: frontal

Cromoterapia: cor índigo

Cristaloterapia: sodalita

Banho de ervas: folhas de amora

Salmo 28: pedir para ter paciência e serenidade

15. O DIABO

A carta representa a figura de um ser com chifres, em um ambiente escuro e envolto em uma cortina de fumaça, que simboliza o inconsciente de forma sombria.

O chifre expressa um símbolo de poder, o qual poderá ser utilizado para o lado que desejar. A carta mostra ainda a polaridade, os caminhos que temos de escolher.

Essa carta também representa o despertar para o equilíbrio em todos os sentidos, inclusive o sexual, oriundo da energia Kundalini.

O Diabo representa a ativação de poderes relacionados ao dinheiro, a sexualidade, a magia e a degradação do ser humano. É o arquétipo do demônio que trazemos dentro de nós, é a carta que representa nosso instinto animal.

LEITURA DA CARTA

CONSULENTE Você possui em sua personalidade traços de inteligência, sensualidade, estratégia, é alguém que assume riscos na vida por excesso de confiança. Precisa controlar os pensamentos negativos para evitar comportamentos que podem provocar vícios.

FINANÇAS Período favorável para ganhos. Obsessão material. Evolução nas finanças em que a honestidade do consulente será colocada em teste.

VIDA SOCIAL Pessoa com facilidade para fazer amizades. Também mostra que tem liderança no grupo e sempre consegue se destacar.

FAMÍLIA Brigas e discussões. Influências negativas. Ciúmes. Atenção com filhos (más companhias e vícios).

TRABALHO Sucesso profissional. Caminhos favoráveis. Cuidado com a falsidade e a inveja de colegas.

AMOR Ligações passageiras. Busca pelo prazer. Adultério. Dependência emocional.

SAÚDE Atenção aos órgãos reprodutores, à parte sexual.

ESPIRITUAL Más influências. É preciso buscar a fé.

CARTA TERAPÊUTICA Hora de decidir o que fazer na vida. Se quiser mudar a sua trajetória, reveja seus valores e deixe de cair em tentações e desejos demasiados.

MENSAGEM
Não se deixe levar pelas aparências.

AÇÃO TERAPÊUTICA DA CARTA

Chacra: básico

Cromoterapia: cor vermelha

Cristaloterapia: jaspe-sanguíneo

Banho de ervas: boldo-do-chile

Salmo 23: atrair a prosperidade

16. A TORRE

A imagem dessa carta mostra a destruição da estrutura de uma torre, após ser atingida por um raio, simbolizando o poder divino sobre o ser humano, no sentido de despertar a sua consciência.

As pessoas que estão caindo expressam a mudança abrupta de todos os paradigmas, preconceitos, de coisas que deveriam ser colocadas para trás para que se tenha a chance de dar o próximo passo.

A própria vida se encarrega de fazer a destruição de valores, de formas de comportamento, de mágoas do passado e de hábitos desnecessários.

Representa o momento de mudanças de retirar o lixo sob o tapete. Todas as certezas ficam abaladas e são colocadas em xeque. Período difícil, mas necessário. Evidencia, portanto, o movimento máximo do Universo para que as pessoas jamais queiram ficar paradas, estagnadas.

LEITURA DA CARTA

CONSULENTE Catástrofes. Excessos. Rupturas externas. Você precisa aprender a se adaptar. Desastres. Período difícil. Contrariedade em projetos. Separação. Mudanças. Caos ao seu redor. Perdas significativas. Recomeço.

FINANÇAS Acomodação e perdas financeiras. Por isso, evite gastar mais do que pode.

VIDA SOCIAL Fique mais atento para evitar acidentes. Período propício para difamações; por esse motivo, você deve evitar conversas sobre aquilo de que não tem certeza. Sentimento de posse com amigos.

FAMÍLIA Brigas com irmãos e outros parentes. Dificuldades e desejo de sumir. Problemas com os filhos.

TRABALHO Acomodação. Desespero. Demissão.

AMOR Desejo de se separar e falta de interesse em continuar a relação. Incompreensão por parte da pessoa amada e sofrimento nas mãos de outra pessoa.

SAÚDE Atenção à coluna vertebral e aos ossos.

ESPIRITUAL Cuidado com o fanatismo religioso.

CARTA TERAPÊUTICA O Universo está em movimento máximo para que não haja estagnação em sua vida, trazendo experiências necessárias ao seu crescimento e progresso.

MENSAGEM
Rompa com os velhos padrões.

AÇÃO TERAPÊUTICA DA CARTA

Chacra: plexo solar

Cromoterapia: cor amarela

Cristaloterapia: peridoto

Banho de ervas: arruda

Salmo 146: pedir proteção divina

17. A ESTRELA

A figura central desse arquétipo representa uma mulher nua e sua nudez simboliza pureza e inocência. Ela está em pé despejando água de dois jarros sobre um rio, como forma de reavivar as emoções contidas nas águas.

A água simboliza sentimentos presos sendo despejados no rio. Uma grande estrela no céu, com oito pontas, expressa a abundância.

A carta traz também a força do amor, da prosperidade, da inspiração, da criatividade, da intuição, da esperança, do amor pela humanidade e pela beleza.

LEITURA DA CARTA

CONSULENTE Traz sentimentos puros e o desejo de ajudar os outros. Sua bondade pode ser mal interpretada e fazer com que as pessoas queiram manipulá-lo. Mesmo enganado, repete os mesmos erros.

FINANÇAS Momento favorável para obter bons rendimentos, sem dificuldades.

VIDA SOCIAL Movimentação positiva e boas relações de amizade. Continue ajudando as pessoas, mas respeite seus limites.

FAMÍLIA Bom relacionamento em casa. Harmonia.

TRABALHO Sucesso profissional, público e social.

AMOR Felicidade conjugal e sinceridade da pessoa amada.

SAÚDE Veja como estão os órgãos duplos. Cuidado preventivo com os seios, o útero e a próstata.

ESPIRITUAL A fé é a força regeneradora. Pessoa que tem muita intuição e proteção.

CARTA TERAPÊUTICA Reconheça o sucesso em sua vida e se abra para situações novas, sem medo e com fé.

MENSAGEM
Aproveite as novas oportunidades.

AÇÃO TERAPÊUTICA DA CARTA

Chacras: cardíaco e coronário

Cromoterapia: cor verde (cardíaco) e cor violeta (coronário)

Cristaloterapia: malaquita (cardíaco) e quartzo cristal (coronário)

Banho de ervas: folhas de sálvia (coronário) e folhas de aroeira (cardíaco)

Salmo 128: desconstruir crenças limitantes

18. A LUA

O arquétipo dessa carta é a imagem de um cachorro latindo e um lobo uivando em direção à Lua, que, por sua vez, representa o símbolo da magia, do mistério.

Há também no desenho um lago, que simboliza as emoções. Dele, surge um escorpião vermelho, representando o medo do inconsciente, os pesadelos, as coisas do passado mal resolvidas.

Assim como as fases da Lua, essa carta está ligada aos ciclos da vida, aos sentimentos descontrolados, à instabilidade, às situações de ilusão e fantasia pelas quais muitas vezes passamos.

As torres na imagem representam a segurança que precisamos, mesmo inconscientemente, e que nos seguram para não desistirmos de seguir na jornada da vida.

LEITURA DA CARTA

A carta revela que você tem tendência a acessar pensamentos negativos e voltar a situações do passado. O perdão é o grande desafio para o alcance da felicidade. Pode ocasionar confusão mental e acessar dupla personalidade, timidez, insegurança e medo.

CONSULENTE Indica traços de personalidade de uma pessoa intuitiva, que está em busca do autoconhecimento. Entretanto, você está vivendo uma fase de autoengano, de medo e de instabilidade de sentimentos. Precisa aplicar o perdão para afastar a confusão mental.

FINANÇAS Gastos excessivos no lar podem estar trazendo preocupações e pensamentos negativos.

VIDA SOCIAL Cuidado com fofocas, inveja e falsidade de pessoas ao seu redor, principalmente no trabalho. É necessário deixar de ser rancoroso e perdoar as traições.

FAMÍLIA Ciclo de confusões por conta de conversas, a ponto de pensar em mudar de residência.

TRABALHO Boa perspectiva, mas fica em segundo plano, pelo fato de ter se envolvido em intrigas no ambiente de trabalho.

AMOR A carta da Lua remete a uma dependência emocional e a um relacionamento baseado em ilusão. O ciúme pode aflorar, bem como sentimentos de egoísmo.

SAÚDE Problemas mentais e distúrbios de sono podem ser desencadeados devido às constantes preocupações e sentimentos de medo e perseguição. Recomenda-se um tratamento fitoterápico e banhos de ervas.

ESPIRITUAL Problemas espirituais que requerem orações para que você encontre a solução.

CARTA TERAPÊUTICA Retome o caminho de sua vida, deixando as ilusões de lado.

MENSAGEM
Pare de se enganar.

AÇÃO TERAPÊUTICA DA CARTA

Chacras: frontal e coronário

Cromoterapia: cor índigo (frontal) e cor violeta (coronário)

Cristaloterapia: azurita (frontal) e ágata azul rendada (coronário)

Banho de ervas: flora de sabugueiro (frontal) e cravo-da-índia (cardíaco)

Salmo 111: orientar nas decisões da vida

19. O SOL

O Sol é a carta que mostra o brilho, a luz necessária para nossa sobrevivência, representa o grande poder divino.

As crianças simbolizam a pureza, algo que está nascendo. Elas brincam juntas de forma livre e harmônica.

O muro simboliza a proteção de que necessitamos para nossa sobrevivência. Os pé de girassol também representam força e vitalidade.

LEITURA DA CARTA

CONSULENTE Você demonstra traços de personalidade de uma pessoa sincera que sempre busca o lado bom dos outros. Momento favorável ao sucesso em todas as áreas, caso se concentre no lado positivo.

FINANÇAS Momento oportuno para ganhos materiais e abundância, desde que saiba manter segredo sobre seus planos.

VIDA SOCIAL Evite comentar seus projetos pessoais para não atrair a inveja e o ciúme de pessoas à sua volta. Momento propício a viagens curtas.

FAMÍLIA Harmonia com filhos e irmãos. Carência afetiva, por conta de recordações da infância.

TRABALHO Promoção favorável, desde que faça uma reciclagem e se concentre nas novas tendências profissionais do mercado.

AMOR União feliz, mas cuidado com atitudes infantis para não gerar discussões bobas.

SAÚDE Ótima saúde, mas atenção especial com o exagero nos doces e com problemas cardíacos. Sua visão também precisa de cuidados.

ESPIRITUAL Recomenda-se o estudo de assuntos espiritualistas e praticar mais a fé.

CARTA TERAPÊUTICA A carta transmite luz, harmonia nas questões afetivas, materiais e espirituais, além de felicidade, sucesso e fechamento positivo.

MENSAGEM
Concilie a razão com a emoção.

AÇÃO TERAPÊUTICA DA CARTA

Chacras: cardíaco e laríngeo

Cromoterapia: cor verde (cardíaco) e cor azul (laríngeo)

Cristaloterapia: aventurina (cardíaco) e turquesa (laríngeo)

Banho de ervas: guiné (cardíaco) e rosas brancas (laríngeo)

Salmo 121: necessidade de iluminação

20. O JULGAMENTO

A imagem da carta mostra o arcanjo Miguel ressoando sua trombeta, como se anunciasse o Juízo Final e, abaixo, pessoas acordando de um sono profundo, ressuscitando.

O som informa que está na hora de reagir, de acordar, de despertar e voltar à vida, após um tempo de sono profundo.

É uma carta que chama à reflexão para apagar os equívocos do passado, perdoando, pois chegou o momento de ressuscitar e seguir adiante. Traz a necessidade de despertar para novas oportunidades.

LEITURA DA CARTA

O Julgamento revela traços de personalidade do dinamismo, da renovação e da verdade. É sempre alguém que tem ideias revolucionárias e muda constantemente de trabalho e de residência. Tem dificuldade de perdoar as pessoas que o magoaram. Por isso essa carta pode representar um desejo de renovação, de transcendência, de ouvir novos chamados e viver novidades.

CONSULENTE Apresenta traços de uma pessoa dinâmica, com ideias revolucionárias e a necessidade de constantes transformações em todos os campos da vida. A liberdade é uma constante e você precisa sempre de novidades para se sentir bem.

FINANÇAS Estabilidade nos negócios e pequenos ganhos. É preciso poupar mais.

VIDA SOCIAL Novos amigos, novos projetos e viagens. Cuidado com fofocas. Decisão legal e/ou judicial favorável.

FAMÍLIA Dedicação à família e com certo apego. Cobrança familiar que lhe causa sufoco. Necessidade de perdoar alguém que deixou mágoas.

TRABALHO Ideias inovadoras e concretização de projetos. Mudanças favoráveis a uma promoção.

AMOR Libertação de mágoas do passado, com a possibilidade de retorno de um ex. Momento propício para encarar um relacionamento sério.

SAÚDE Possibilidade de cura, sendo recomendado procurar a fitoterapia. Cuidado com a mania de doença.

ESPIRITUAL Conectar-se mais com a sua fé. Compreensão das lições dos mestres espirituais. Aplicar o perdão. Abandonar o passado. Força na oração.

CARTA TERAPÊUTICA A carta evoca o renascimento. Necessidade de despertar para a vida e/ou para uma nova oportunidade.

MENSAGEM
Liberte-se do passado e siga em frente.

AÇÃO TERAPÊUTICA DA CARTA

Chacra: laríngeo

Cromoterapia: cor azul

Cristaloterapia: calcedônia

Banho de ervas: folhas de café

Salmo 58: ativar a força de vontade

21. O MUNDO

A representação da carta é uma mulher flutuando, simbolizando a superioridade.

O ouroboro (cobra engolindo a própria cauda) expressa a eternidade. O bastão na mão da mulher expressa força, inteligência e energia.

Ao redor dela estão os símbolos dos quatro elementos: terra, ar, fogo e água.

Essa carta significa segurança, harmonia, sucesso, recompensa, realização, vitória, fechamento de um ciclo, hora de sentir-se bem consigo e com o Universo.

Você chegou até o fim da jornada com muita luta e sacrifício, mas precisa saber o que vai fazer agora com todo esse aprendizado.

LEITURA DA CARTA

CONSULENTE Está vivendo o melhor momento de sua vida, mas ainda não percebeu essa realidade. Chegou a hora de fechar todos os ciclos abertos que não vão mais lhe acrescentar nada. Aprimore seus conhecimentos e deixe de exigir a perfeição e de se chatear com atitudes negativas.

FINANÇAS Crescimento e realizações, desde que saiba fazer as boas parcerias e utilizar seu potencial.

VIDA SOCIAL Viagens ao exterior. Novos projetos. Momento de buscar parcerias com os amigos de jornada.

FAMÍLIA Equilíbrio com irmãos, pais e outros parentes. Você pode ajudá-los nos conflitos pessoais, pois já tem potencial e bagagem suficiente para isso.

TRABALHO Sucesso reconhecido publicamente e proteção para combater as energias de inveja.

AMOR Amor sincero. Relação equilibrada. Alerta para casamento, caso seja solteiro.

SAÚDE Momento de cura. Mantenha a fé. Recomenda-se aliar o tratamento médico ao espiritual.

ESPIRITUAL Elevação espiritual. Favorável aos estudos nos diversos campos da espiritualidade.

CARTA TERAPÊUTICA Mude seu padrão mental e tudo vai se transformar positivamente em sua vida.

MENSAGEM
Você está no caminho certo.

AÇÃO TERAPÊUTICA DA CARTA

Chacra: coronário

Cromoterapia: cor violeta

Cristaloterapia: fluorita

Banho de ervas: erva-cidreira

Salmo 21: atrair vitória na vida

AS CARTAS SIM E NÃO

As cartas Sim e Não vão auxiliar o consulente sempre que a carta retirada for neutra, gerar dúvida ou exigir uma resposta mais objetiva.

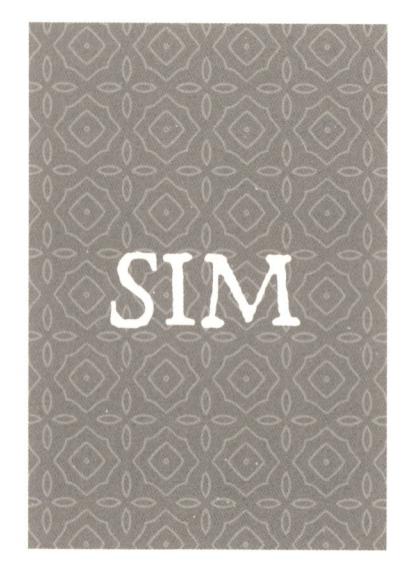

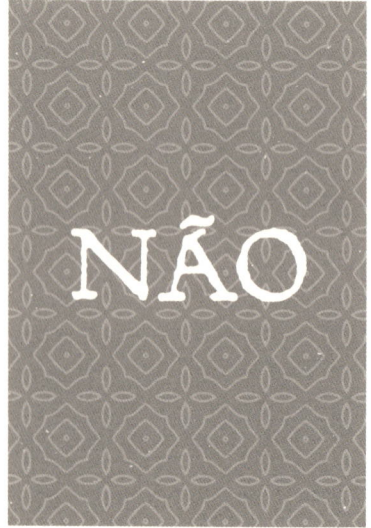

Capítulo 3

PREPARAÇÃO DO AMBIENTE PARA A UTILIZAÇÃO DAS CARTAS

Nós, seres humanos, temos o hábito de fazer ritual para tudo, desde a hora que acordamos até a hora de dormir. Isso foi passado por nossos ancestrais e faz parte de nosso sistema de crenças.

Cada pessoa vai criar o seu próprio ritual da maneira que julgar mais conveniente, mas vou passar algumas dicas bem importantes que funcionam comigo.

Antes de iniciar a leitura das cartas, siga os passos a seguir.

Local. Procure um local tranquilo, de preferência reservado e arejado. Pode ser uma sala ou um quarto silencioso.

A mesa. É importante que você utilize uma mesa confortável e de preferência com uma toalha de cor neutra para cobri-la e proteger as cartas.

Acessórios. Se preferir, use um copo com água para proteção energética; faça uso de incenso conforme sua intuição; utilize um cristal de acordo com as cartas de sua missão de vida; ouça músicas suaves e, por último, distribua flores pelo ambiente (você pode colocá-las em um vaso com água).

Proteção. Você pode pedir proteção espiritual, entoar mantras, rezar para o seu anjo da guarda, para santos, para orixás etc.

Procedimentos. Embaralhe as cartas e, em seguida, corte-as em duas ou três partes. Depois do corte, você vai retirar uma por uma e arrumá-las na mesa de acordo com o método utilizado. Interprete as cartas conforme o que for perguntado.

O QUE PERGUNTAR ÀS CARTAS?

Antes de iniciar os métodos de leitura das cartas terapêuticas, é importante lembrar que estamos trabalhando no campo das infinitas possibilidades e, por esse motivo, as perguntas devem ser bem-formuladas. Portanto, evite perguntas do tipo: "Eu vou ganhar na loteria?", "Meu ex-namorado vai voltar para mim?", "Minha situação financeira vai melhorar?".

Você pode fazer as mesmas perguntas da seguinte maneira: "Ganhar na loteria será a melhor coisa que poderia me acontecer?", "O que mudaria de fato na minha vida?", "Como posso melhorar para que meu ex-namorado volte para mim?", "O que posso fazer para melhorar a minha situação financeira?".

Outra dica é você perguntar o que quer em voz alta e, ao verificar as cartas, procure ler os arquétipos já estudados no capítulo anterior.

Aproveite o momento de intimidade com as cartas para fazer um verdadeiro planejamento de sua vida, o que explico no método da Mandala Terapêutica Flor da Vida©. Mas aviso que as cartas não vão fazer o seu dever de casa, uma vez que elas simplesmente mostram o caminho, os obstáculos e os perigos e você é quem decide por onde vai trilhar.

Conforme eu já mencionei, você deve ficar neutro em relação à pergunta, pois muitas vezes já existe uma tendência de sua parte em querer dar a resposta, dificultando o campo de atuação das cartas terapêuticas.

Por exemplo, você pergunta: "Vou comprar uma casa em São Paulo neste ano?". Seria melhor formular o seguinte questionamento: "Comprar uma casa em São Paulo, neste momento de minha vida, será uma boa decisão?". Nessa segunda pergunta, a análise das cartas surtirá melhor efeito sobre a sua intenção.

Às vezes, você quer aprofundar o assunto e a pergunta poderá ter uma abordagem mais ampla. Por exemplo: "O que eu posso fazer para melhorar meu desempenho financeiro?". Essa pergunta é feita de forma mais abrangente, o que facilita um estudo terapêutico mais aprofundado.

CAPÍTULO 4

MÉTODOS DE LEITURA DAS CARTAS

1. CARTA DO DIA

O método da carta do dia é muito simples. Antes de você sair de casa, retire uma das cartas terapêuticas e preste atenção ao conselho que ela lhe dá. Siga a sequência de cada um dos arcanos, começando pela jornada com O Andarilho e encerrando com o arquétipo O Mundo.

0. O Andarilho representa o próprio andarilho que existe em nós. Ela indica que não devemos nos preocupar na hora das escolhas. O conselho da carta para o dia é: **Fique atento antes de tomar decisões.**

1. O Mago é aquele que empreende todas as forças do Universo para conseguir os resultados desejados. O conselho da carta para o dia é: **Ouça a sua voz interior.**

2. A Sacerdotisa representa a força que está dentro de nós, guardada a sete chaves. Simboliza a nossa intuição e os segredos do inconsciente. É a carta que expressa nossa desconfiança. O conselho da carta para o dia é: **Desbloqueie suas crenças limitantes negativas imediatamente e confie mais nas pessoas.**

3. A Imperatriz traz o arquétipo da fertilidade, o instinto maternal. Carta muito positiva para as realizações. O conselho da carta para o dia é: **Deixe de querer controlar tudo e todos e relaxe mais a sua mente.**

4. O Imperador traz o arquétipo da autoridade e liderança, representando a racionalidade em pessoa. O conselho da carta para o dia é: **Na hora de transmitir suas ideias às pessoas, utilize a sabedoria para não parecer autoritário.**

5. O Sacerdote é o grande líder espiritual. É aquele que preserva os valores morais e religiosos com muita sabedoria. O conselho da carta para o dia é: **Se deseja ter sucesso em todos os campos de sua vida, entre em sintonia com o seu Eu espiritual.**

6. Os Enamorados representam a dúvida que aflora em qualquer situação. Mostra a necessidade de tomar decisões e colocar em prática as suas escolhas. O conselho da carta para o dia é: **Aprenda a fazer escolhas sem a interferência de outras pessoas.**

7. A carta do Carro sugere uma viagem e o percurso é você quem decide. Durante a viagem poderão surgir momentos de lutas e de paz. O conselho da carta para o dia é: **Mantenha-se firme na grande viagem que é a sua vida, pois o destino final é você quem vai decidir.**

8. A carta da Justiça traz o equilíbrio que precisamos ter no nosso dia a dia, lembrando que a lei divina é diferente da lei dos homens. O conselho da carta para o dia é: **Na hora do desequilíbrio emocional, lembre-se de que você é o detentor da balança e a sua colheita será feita de acordo com a sua decisão.**

9. O Eremita é o guardião dos mistérios do mundo oculto que cada um de nós tem no inconsciente. O conselho da carta para o dia é: **A pressa é inimiga da perfeição, portanto tenha mais tranquilidade e espere o momento certo para decidir sobre os projetos de sua vida.**

10. A Roda da Fortuna simboliza o próprio movimento da vida que é circular, isto é, ora para a frente, ora para trás. Ela representa a grande instabilidade em todos os sentidos. O conselho da carta para o dia é: **Na vida nem sempre ganhamos, mas nem por isso devemos perder as esperanças. Portanto, continue na humildade e aprimore suas qualidades.**

11. A Força mostra o verdadeiro equilíbrio do poder mental inerente a todos os seres humanos. O domínio da agressividade é possível, basta mentalizá-lo. O conselho da carta para o dia é: **Saiba dominar seus impulsos que a vitória se fará presente em todos os campos de sua vida.**

12. O Pendurado representa aquele que está de cabeça para baixo em vários campos da vida. Mostra certo sofrimento. O conselho da carta para o dia é: **Aprenda a olhar a vida sob outro ângulo e entenderá por que as coisas chegaram a essa situação.**

13. A carta da Morte não significa uma morte física, mas o término de certos ciclos necessários para a evolução humana. O conselho da carta para o dia é: **O que ficou para trás, bom ou ruim, não voltará mais. Abrace as novas oportunidades.**

14. A Temperança é a carta da moderação, da paciência. Um anjo está lhe ajudando a refletir e temperar todos os sentimentos. O conselho da carta para o dia é: **Agradeça o grande desafio de estar na vida terrena evoluindo e aproveite cada momento com muita harmonia e equilíbrio.**

15. O Diabo é uma carta bem enigmática, que trata de muitos aspectos materiais ligados ao dinheiro e à sexualidade. Também mostra o lado sombrio de todos nós. O conselho da carta para o dia é: **Faça as pazes com a sua sombra e siga com ela sempre pautado na verdade.**

16. A Torre é a carta da destruição, do recomeço, da libertação dolorosa de paradigmas. Significa a queda dos castelos de areia que apenas nós sustentamos. O conselho da carta para o dia é: **Liberte-se daquilo que não faz você feliz e siga sabendo que uma mudança necessária acontecerá hoje, para o seu melhor.**

17. A Estrela é a carta que mostra o caminho da evolução e da iluminação. Mudanças favoráveis ocorrerão em vários aspectos de sua vida. O conselho da carta para o dia é: **Confie mais no seu potencial, pois muitas coisas ainda não aconteceram porque você não ouviu a sua voz interior.**

18. A Lua demonstra a dualidade e os medos ocultos. Tal como as fases da Lua, essa carta requer alerta. O conselho da carta para o dia é: **Preste mais atenção nas pessoas que estão ao seu redor e silencie mais sobre seus projetos. Não se iluda.**

19. O Sol é uma carta de muita positividade, de bons fluidos, de realizações e parcerias. O conselho da carta para o dia é: **Siga sem preocupações, pois já está na hora de aproveitar a iluminação que está à sua volta.**

20. O Julgamento é a carta que sugere seu renascimento, a abertura da sua alma à prática do perdão. O conselho da carta para o dia é: **Hora de aceitar as coisas como elas são, sem culpar quem quer que seja pelas ações do passado.**

21. O Mundo é a carta que encerra o grande ciclo da vida. Chegou a hora da recompensa, de sentir-se bem consigo e com o Universo. O conselho da carta para o dia é: **Parabéns pelo potencial que armazenou ao longo de sua jornada. Lembre-se de que ainda existe uma longa caminhada, cheia de desafios, dando-lhe a oportunidade de usar todos os conhecimentos adquiridos.**

2. "SIM, NÃO, TALVEZ"

É o método utilizado para responder a uma pergunta direta, objetiva. Se vier Neutra, tire uma nova carta para confirmar a pergunta ou utilizar as cartas Sim e Não.

Seguem abaixo as respostas das cartas terapêuticas:

CARTAS MATRIZES	RESPOSTAS
0. O ANDARILHO	SIM
1. O MAGO	SIM
2. A SACERDOTISA	SIM
3. A IMPERATRIZ	SIM
4. O IMPERADOR	SIM
5. O SACERDOTE	SIM
6. OS ENAMORADOS	TALVEZ — TIRAR OUTRA
7. O CARRO	SIM
8. A JUSTIÇA	SIM
9. O EREMITA	SIM
10. A RODA DA FORTUNA	SIM
11. A FORÇA	SIM
12. O PENDURADO	NÃO
13. A MORTE	NÃO
14. A TEMPERANÇA	SIM
15. O DIABO	NÃO
16. A TORRE	NÃO
17. A ESTRELA	SIM
18. A LUA	NÃO
19. O SOL	SIM
20. O JULGAMENTO	TALVEZ — TIRAR OUTRA
21. O MUNDO	SIM

Recomenda-se o uso desse método em algumas situações práticas da vida, mas cuidado para não validá-lo como verdade absoluta. Sempre aconselho combiná-lo com os demais métodos.

3. TRÊS CARTAS (Passado, Presente e Futuro)

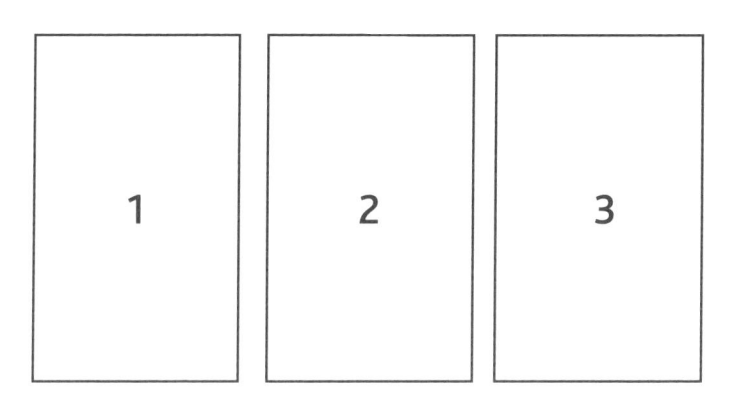

| 1 | 2 | 3 |

Após embaralhar as cartas, retire três do baralho. A carta da esquerda vai trazer as influências do passado sobre a situação que está sendo avaliada. A carta do meio significará o momento atual e a da direita vai prever o futuro próximo.

Você vai utilizar as cartas Sim e Não como o Coringa das demais cartas.

Depois de realizar a leitura do passado, presente e futuro, faça a soma dos números correspondentes às três cartas para chegar à síntese. Caso a soma seja maior que 21, será preciso fazer uma nova redução.

4. PÉLADAN[2]

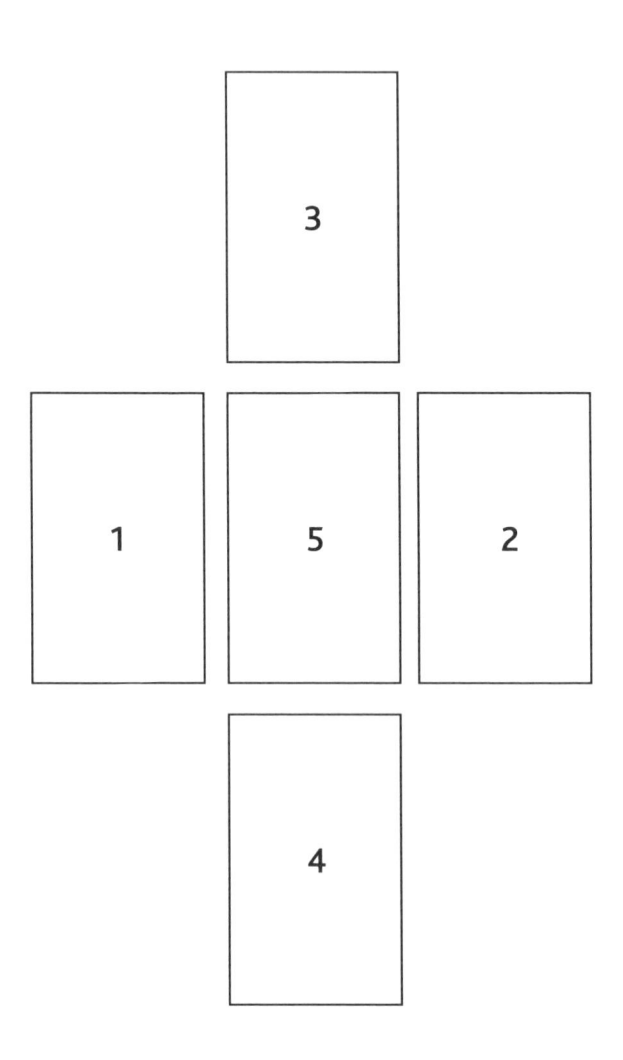

```
        ┌─────┐
        │     │
        │  3  │
        │     │
        └─────┘
┌─────┐ ┌─────┐ ┌─────┐
│  1  │ │  5  │ │  2  │
└─────┘ └─────┘ └─────┘
        ┌─────┐
        │  4  │
        └─────┘
```

---

2. Método desenvolvido por Joséphin Péladan.

CARTA 1 – POSITIVO Aspectos positivos que estão relacionados ao assunto, aquilo que contribui para o acontecimento.

CARTA 2 – NEGATIVO Aspectos ou fatores negativos sobre o assunto, aquilo que barra a concretização, o que impede que algo aconteça.

CARTA 3 – O MOMENTO Mostra como a situação está agora, neste momento.

CARTA 4 – FUTURO Revela como a situação vai seguir deste momento em diante.

CARTA 5 – SÍNTESE Essa carta sintetiza todo o nosso jogo. Preste atenção, pois, na maioria das vezes, ela indica o que deverá ser feito.

5. MANDALA TERAPÊUTICA FLOR DA VIDA©

A Flor da Vida é um símbolo geométrico conhecido desde a mais remota Antiguidade. É uma geometria sagrada que traz o padrão da criação e da vida. Sua imagem se encontra inscrita no teto do templo de Osíris, em Abidos, no Egito. Também foi encontrada em Massada (Israel), no Monte Sinai, Japão, China, Índia, Espanha, entre outros lugares.

A repetição de circunferências criam anéis unidos que lembram imagens de flores e, por isso, originou-se o nome Flor da Vida. A mandala representa a expansão da consciência e sua conexão com o nosso inconsciente em seu estudo místico.

Baseado no poder da geometria sagrada, desenvolvi o método de jogada de cartas para trabalhar diversos aspectos da vida, que podem ser representados pelos números. Dessa forma, quando o consulente retirar a carta e colocar nos números da Mandala Terapêutica Flor da Vida©, estará se conectando à geometria sagrada no momento da leitura, o que favorecerá a sua conexão com as infinitas possibilidades contidas nas cartas terapêuticas até a conclusão da leitura: consulente, finanças, família, trabalho, amor, espiritual, saúde e vida social.

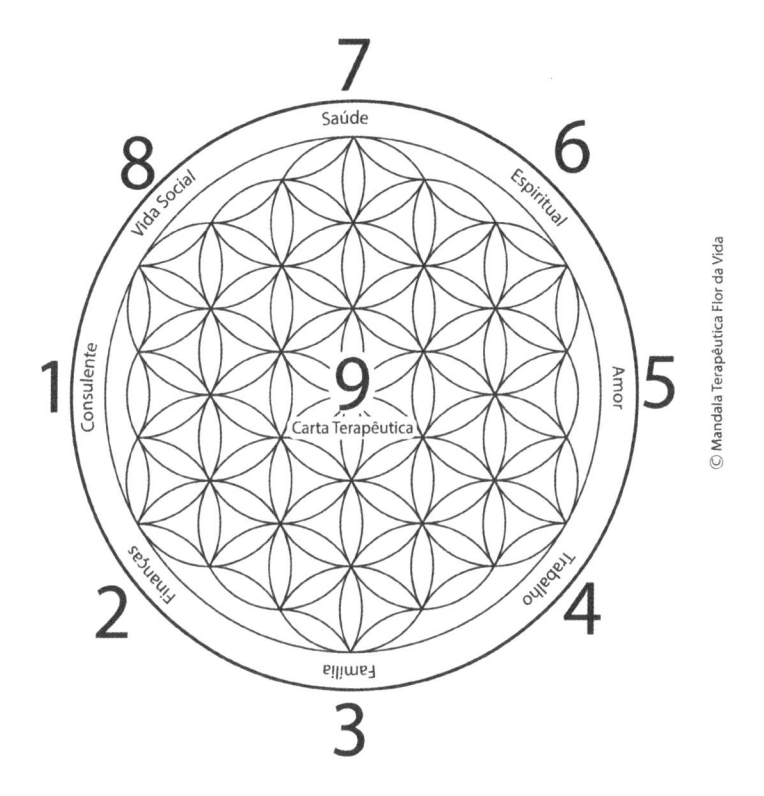

1. CONSULENTE São suas características, caráter, virtudes e defeitos. Personalidade. Ego. Preste atenção às características da carta.

2. FINANÇAS Negócios econômicos e financeiros. Posses materiais. Heranças. Relacionar com a casa 4, no campo **Trabalho**.

3. FAMÍLIA Relacionamento com os pais. Traços e memórias da infância que ainda podem se fazer presentes. Relação com os irmãos e parentes mais próximos, colegas, vizinhos e viagens curtas.

4. TRABALHO O trabalho no sentido de uma missão a ser cumprida. A imagem que você passa para o mundo. A posição que ocupa – ou na qual nos colocamos – no trabalho e na sociedade. A relação com chefes, líderes e autoridades.

5. AMOR Namoro, compromisso e casamento. Relações passageiras.

6. ESPIRITUAL Esoterismo, religião. As viagens longas e os assuntos relacionados ao estrangeiro ou a temas alienígenas, como a ufologia.

7. SAÚDE Revela as tendências para a saúde como um todo, assim como em relação ao sono, alimentação e tudo o que auxilia na prevenção ou no surgimento de sintomas físicos.

8. VIDA SOCIAL Criatividade, diversão, esporte, filhos, prazer, lazer, formas e/ou locais para se divertir. Revela também os romances e as aventuras sexuais. Viagens.

9. CARTA TERAPÊUTICA Fechamento da conclusão da leitura e carta terapêutica.

CAPÍTULO 5

OS CHACRAS

A palavra "chacra" vem do sânscrito, língua da Índia antiga, e significa "roda de luz". Os chacras são centros de energia e representam os diferentes aspectos da natureza sutil do ser humano. São eles: corpo físico, emocional, mental e energético.

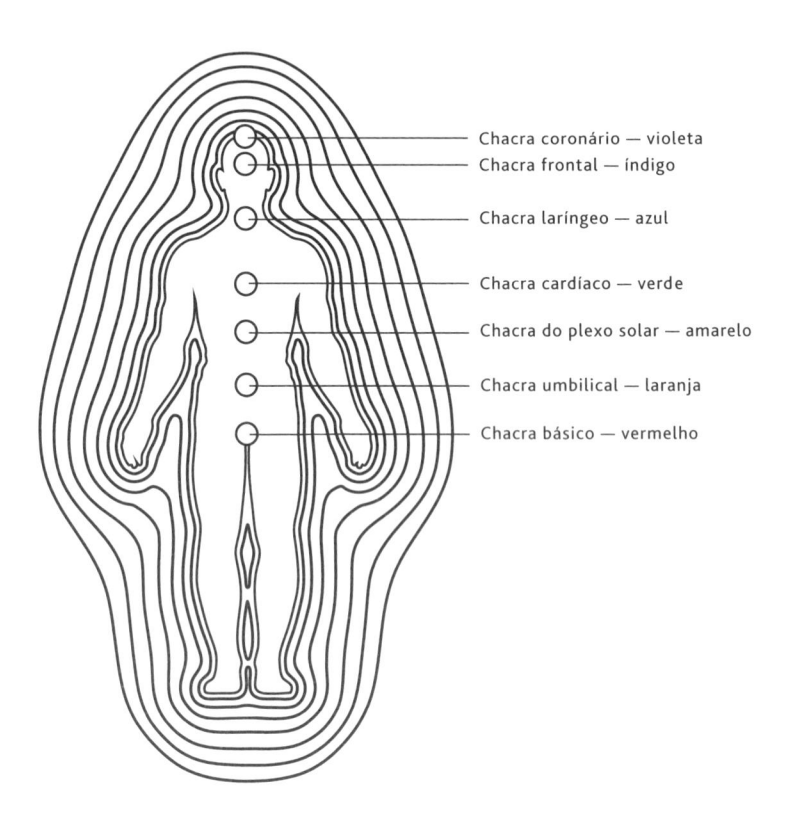

Chacra coronário — violeta
Chacra frontal — índigo
Chacra laríngeo — azul
Chacra cardíaco — verde
Chacra do plexo solar — amarelo
Chacra umbilical — laranja
Chacra básico — vermelho

Os sete principais chacras estão localizados ao longo da coluna vertebral do nosso corpo e, segundo a tradição hindu, seguem as cores do arco-íris.

Chacra coronário — violeta

Chacra frontal — índigo

Chacra laríngeo — azul

Chacra cardíaco — verde

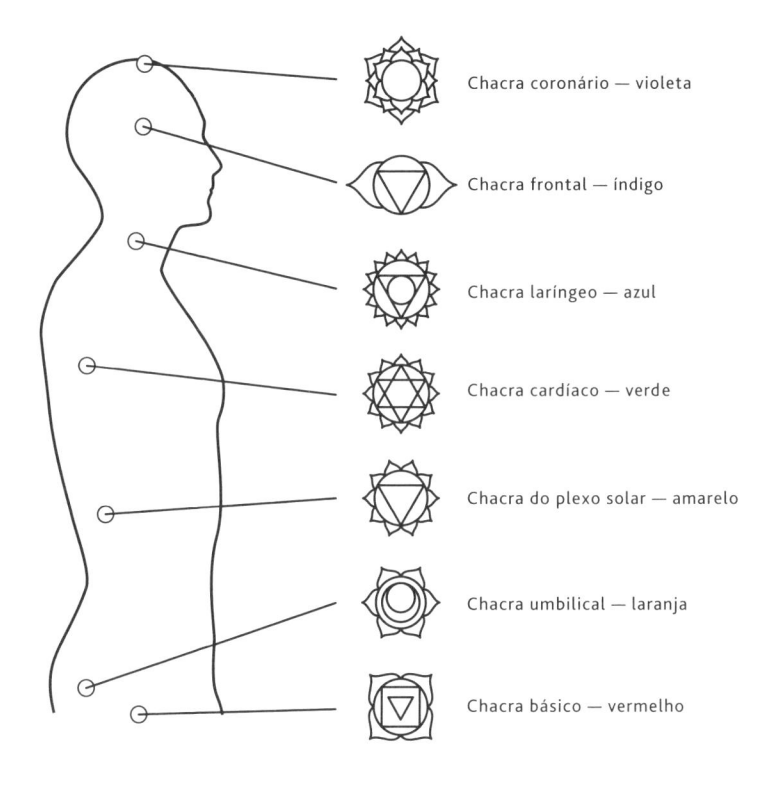

Chacra do plexo solar — amarelo

Chacra umbilical — laranja

Chacra básico — vermelho

CHACRA CORONÁRIO – COR VIOLETA

Localizado no topo da cabeça, está relacionado à consciência espiritual. Se estiver em desequilíbrio, a pessoa pode apresentar sintomas de neuroses, irracionalidade, desorientação, fobias, histeria e obsessão. Atua na glândula pineal.

As cartas representadas por esse chacra são: O Mago, O Mundo, O Carro, A Roda da Fortuna, A Estrela e A Lua.

CHACRA FRONTAL – COR ÍNDIGO

Localizado no meio da testa, está relacionado à intuição. Se estiver em desequilíbrio, a pessoa pode conectar-se à ganância, arrogância, tirania, rigidez, alienação, falta de raciocínio lógico e se entregar a vícios. Atua na glândula pituitária.

As cartas representadas por esse chacra são: O Andarilho, O Eremita, A Temperança e A Lua.

CHACRA LARÍNGEO – COR AZUL

Localizado na garganta, está relacionado à comunicação, criatividade, iniciativa e independência. Se estiver em desequilíbrio, a pessoa pode conectar-se ao fracasso, apatia, desespero, limitação, medo, insegurança, autorreprovação e submissão. Atua na glândula tireoide.

As cartas representadas por esse chacra são: O Imperador, A Roda da Fortuna, O Sol e O Julgamento.

CHACRA CARDÍACO – COR VERDE

Localizado no centro do tórax, está relacionado ao amor incondicional, com a união. Se estiver em desequilíbrio, a pessoa pode conectar-se a desilusão, pânico, depressão. Atua na glândula timo.

As cartas representadas por esse chacra são: O Sacerdote, A Morte, A Estrela e O Sol.

CHACRA DO PLEXO SOLAR – COR AMARELA

Localizado na região do estômago, está relacionado à personalidade, a vitalidade, a autoestima, a proteção contra vibrações negativas. Se estiver em desequilíbrio, a pessoa pode conectar-se à ansiedade, preocupação, indecisão, preconceito, desconfiança, negligência e mentira. Atua no pâncreas.

As cartas representadas por esse chacra são: A Imperatriz, A Justiça, A Força e A Torre.

CHACRA SACRAL OU UMBILICAL – COR LARANJA

Localizado três dedos abaixo do umbigo, está relacionado à reprodução, energia sexual e poder. Se estiver em desequilíbrio, a pessoa pode conectar-se à rejeição, solidão, ressentimentos, vingança, ciúme, depressão e inveja. Atua nas glândulas sexuais masculinas e femininas (testículos e ovários).

As cartas representadas por esse chacra são: A Sacerdotisa e A Força.

CHACRA BÁSICO – COR VERMELHA

Localizado na base da espinha, isto é, no cóccix, está relacionado à sobrevivência e à existência terrena, ligação com o mundo material e energia física. Se estiver em desequilíbrio, a pessoa pode conectar-se à raiva, impaciência, apego, materialismo, culpa, vergonha, vícios, violência, morte e dor. Atua nas glândulas suprarrenais.

As cartas representadas por esse chacra são: O Andarilho, Os Enamorados, O Carro e O Diabo.

Capítulo 6

CROMOTERAPIA

A cromoterapia é a prática de utilizar cores para a harmonização do corpo, da mente e das emoções. É vista como uma ciência que estuda as cores e suas ações energéticas voltadas para o equilíbrio e o bem-estar do ser.

Existe uma associação das cores com a temperatura, dividindo-as em quentes, frias ou neutras.

São cores quentes aquelas associadas ao fogo, à vitalidade e ao movimento (amarelo, laranja e vermelho). As frias estão associadas à água e ao frio, aos efeitos calmantes e tranquilizantes (azul, verde e violeta). Já as cores neutras não estão associadas a essas sensações, pois têm pouca reflexão de luz, como os tons pastéis e marrons.

Como vimos no capítulo anterior, cada chacra tem uma cor e as cores também têm suas funções terapêuticas específicas para cada área do corpo a ser trabalhada.

Os benefícios da cromoterapia são os mais diversos: diminui o cansaço físico, proporciona sensação de bem-estar, melhora a circulação sanguínea, estimula o sistema nervoso central, melhora a autoestima e a qualidade do sono, entre outros efeitos benéficos.

CARACTERÍSTICA DAS CORES

VERMELHO Corresponde à nota musical DÓ e ao chacra básico. É a cor do coração, do sangue, sendo associada ao amor e à vida. É utilizada na cromoterapia para afastar a depressão e o desânimo, além de despertar a energia sexual. Acelera o ritmo cardíaco e aumenta a circulação. Favorece a liberação da adrenalina. Tenha cuidado com essa cor no quarto, pois pode deixar você agitado e sem sono.

LARANJA Corresponde à nota musical RÉ e ao chacra umbilical. É a cor da alegria e estimulante da liberdade, da coragem. Alivia os sintomas de tristeza e remove qualquer tipo de depressão.

AMARELO Corresponde à nota musical MI e ao chacra plexo solar. Estimula a criatividade e o sistema nervoso. Melhora o autocontrole. Trata-se de uma cor muito boa para utilizar em locais de estudo, em pequenas quantidades, pois estimula o intelecto.

VERDE Corresponde à nota musical FÁ e ao chacra cardíaco. É a cor da natureza, da vida. Melhora qualquer condição física negativa, pois traz equilíbrio e cura.

AZUL Corresponde à nota musical SOL e ao chacra laríngeo. É a cor da serenidade e da paciência, indicada para casos de insônia e estresse. Boa para colocar no quarto e sala de meditação. Traz quietude à mente. Mas cuidado com o seu excesso para não causar tristeza.

ÍNDIGO Corresponde à nota musical LÁ e ao chacra frontal. Equilibra a energia mental e trabalha a intuição, além de contribuir para a limpeza e purificação de ambientes.

VIOLETA Corresponde à nota musical SI e ao chacra coronário. Está associada à espiritualidade e ao misticismo. Favorece o amor incondicional. Limpa os ambientes das vibrações negativas. Indicada para casos de neurose e para exercícios de meditação, pois favorece a concentração.

ROSA Cor associada ao amor e à união, pelo fato de trazer equilíbrio nos relacionamentos pessoais e profissionais.

BRANCO É a soma de todas as cores. Indicada para energizar todo o corpo.

Com essas informações básicas, você pode utilizar as cores tanto de forma materializada (nas roupas que veste, nos espaços físicos, aplicando em seu corpo) como de forma mental.

A cromoterapia mental consiste em imaginar determinada cor em um local específico, na sua casa, no seu corpo, no ambiente em que estiver e, a partir do momento que a imaginar, trabalhar a cura que a cor propõe.

EXERCÍCIO PARA ACALMAR A MENTE E MANTER O FOCO NO POSITIVO

Procure um lugar tranquilo, use uma roupa bem confortável e deite-se em linha reta com os braços relaxados e as palmas das mãos para cima, um pouco separadas do corpo. Se preferir, coloque uma música bem tranquila.

As pernas também devem ficar relaxadas e igualmente abertas, na linha dos quadris.

Solte todos os músculos, relaxando, liberando toda a tensão. Feche os olhos. Respire pausadamente, enchendo o abdômen com ar, o máximo possível, e mantenha-o preso por alguns segundos.

Depois, vá soltando o ar, até esvaziar totalmente o abdômen. Mantenha também essa posição por alguns segundos e, em seguida, recomece todo o processo.

Agora você vai visualizar a cor violeta percorrendo seu corpo, começando pelos pés, subindo bem devagar, enquanto repete a respiração, até chegar ao topo da cabeça e expandir essa luz até que todo o ambiente fique totalmente impregnado pela cor. Passe alguns minutos nessa sintonia e, quando sentir que pode voltar à realidade, retorne aos poucos, com calma. Comece a mover os pés, mãos, pernas, pescoço e, finalmente, abra os olhos.[3]

---

3. Acesse a meditação guiada em: <www.fabiodantasterapeuta.com.br>.

Capítulo 7

A MAGIA DOS CRISTAIS

O cristal é um mineral sólido organizado em um padrão tridimensional bem definido, formando uma geometria específica. De forma geral, os cristais são utilizados para garantir o equilíbrio do corpo e da mente devido ao poder de energização que eles têm.

As pedras e os cristais receberam a energia de vulcões e da força do planeta durante milhões de anos, motivo pelo qual contêm grande quantidade de energia acumulada em seu interior, emitindo frequências benéficas a todas as formas de vida do planeta.

Para que os cristais possam manter o seu bem-estar, é importante cuidar deles limpando e sintonizando com a frequência energética necessária para o campo no qual você irá utilizá-los.

Ao adquirir os cristais que serão usados no tratamento terapêutico, você deverá limpá-los em uma solução com água e sal de cozinha. Se preferir, utilize água do mar, embora ambas contenham cloreto de sódio. Depois, lave-os com água corrente e coloque-os para secar com a energia solar, em torno de quatro horas. De igual modo, você pode energizá-los com a energia da Lua, deixando-os durante a noite em contato externo.

Existem cristais correspondentes aos chacras, que podem ser utilizados para um reequilíbrio energético. Entretanto, é importante ter em mente que existem cristais que correspondem a mais de um chacra ou até mesmo a todos. Alguns deles são:

CHACRA BÁSICO Rubi, ônix, quartzo vermelho, granada vermelha, hematita, obsidiana, turmalina negra, quartzo esfumaçado, jaspe-sanguíneo, calcita vermelha, obsidiana preta.

CHACRA UMBILICAL Calcita laranja, cornalina, coral e opala de fogo.

CHACRA DO PLEXO SOLAR Citrino, pedra do sol, turmalina amarela, enxofre, âmbar, topázio imperial e calcita amarela.

CHACRA CARDÍACO Ágata musgo, aventurina, quartzo verde, amazonita, calcita verde, turmalina verde, malaquita, quartzo rosa, calcita rosa, turmalina rosa e rodocrosita.

CHACRA LARÍNGEO Topázio azul, calcedônia, larimar, turquesa, água-marinha, calcita azul, quartzo azul e angelita.

CHACRA FRONTAL Sodalita, safira azul, lápis-lazúli, turmalina azul, azurita e olho de tigre.

CHACRA CORONÁRIO Ágata azul rendada, quartzo cristal, diamante, safira violeta, topázio incolor, ametista, amazonita, danburita, fluorita, pirita, calcita dourada e selenita.

PROPRIEDADES DOS CRISTAIS

A seguir, listamos os cristais com os quais trabalharemos nas cartas terapêuticas.

Ágata azul rendada. Amplia os estados de consciência. Promove harmonia familiar. É o tipo de cristal que conecta à paz e à felicidade. Também é ótimo para dissipar energias de raiva.

Ágata musgo. Ajuda a soltar o velho para dar espaço ao novo. Libera a capacidade de alegria, aliviando sintomas de depressão, uma vez que equilibra os hemisférios direito e esquerdo do cérebro. Auxilia no contato com a intuição para seguir nas próximas etapas da vida. Promove o equilíbrio nas relações afetivas. Libera a raiva e a frustração. Desenvolve a autoconfiança. Auxilia a fazer a conexão com a espiritualidade.

Água-marinha. Excelente para desenvolver a paciência e dar senso de direção na vida. Estimula a comunicação, desbloqueando a garganta. Acalma a mente. Trará felicidade no casamento pelo fato de atuar na tolerância. Auxilia o sistema nervoso e o estômago.

Amazonita. Alia as informações disponíveis à intuição. Elimina o medo de experiências extrassensoriais. Melhora a capacidade de síntese e a criatividade.

Âmbar. Esse cristal tem o poder de trazer alegria e equilibrar a vida em seus diversos aspectos. Elimina a ansiedade, além de relaxar a mente. Eleva o prazer sexual. Auxilia na tomada de decisões. Muito bom para ser usado em terapias de vidas passadas, por desbloquear sentimentos antigos.

Ametista. Considerada a pedra da espiritualidade, com capacidade de trabalhar o desapego, eliminar o medo, a ansiedade, o ódio. Alivia o estresse e estados de confusão mental. Estimula ainda a autoestima, a força de vontade, o controle das emoções, a paz e a boa interpretação dos sonhos.

Aventurina. Beneficia a glândula timo e o sistema nervoso. Afasta energias negativas e promove bem-estar. Auxilia a pessoa a ser mais destemida na vida, a se aventurar mais.

Azurita. Eleva o pensamento. Desperta a intuição. Ajuda na liberação de crenças limitantes negativas e facilita a tomada de decisões. Facilita também a interpretação de sonhos. Excelente para casais que precisam repensar a relação.

Calcedônia. Fortalece o vínculo mãe e filho. Absorve e dissipa as energias negativas. Promove a cicatrização de feridas abertas. Afasta pesadelos e, no aspecto físico, atua no aparelho circulatório. Em casos de febres e amigdalite, suavizando a voz. Muito utilizada no pescoço para fortalecer as cordas vocais e combater a gagueira.

Calcita amarela ou laranja. Dissipa a tristeza. Combate a autossabotagem. Afasta o medo e dá coragem àqueles que não conseguem estabelecer objetivos na vida. Eleva a autoestima. Fortalece a memória e a concentração.

Citrino. Sua energia vai atuar na autoconfiança e na energia vital. Ideal para combater o medo, a depressão e sintomas de autodestruição. Muito bom para ajudar na clareza mental.

Cornalina. Equilibra as emoções e fortalece a autoconfiança. Estimula os impulsos sexuais e trabalha os hormônios. Afasta a timidez e a confusão mental. Ajuda a assumir as rédeas da própria vida e a sentir-se bem no meio onde vive. Estimula a criatividade. Fortalece os laços de família e abre o coração para a caridade. Evita pesadelos. Dissipa o mau-olhado.

Fluorita. Traz a intuição para ser canalizada à energia cósmica. Tranquiliza a mente. Ajuda a colocar os pensamentos em ordem e pôr em ação o que foi pensado. Controla a hiperatividade. Faz circular as energias estagnadas.

Granada vermelha. Equilibra a energia Kundalini. Trabalha a vitalidade, a criatividade, a ousadia, a coragem, a autoconfiança, o poder pessoal, o rejuvenescimento, a regeneração, o sucesso, o orgulho, a competitividade e a agressividade.

Jaspe-sanguíneo. Excelente para proteção e muito utilizado para equilibrar as energias yin-yang. Traz equilíbrio para aqueles que correm riscos desnecessários na vida. Desenvolve senso de equilíbrio e traz clareza mental.

Lápis-lazúli. Acalma a mente e desenvolve a intuição, a meditação e a sabedoria. Amplia as formas-pensamento e estimula o "terceiro olho", auxiliando na descoberta do próprio caminho. Combate a melancolia e traz serenidade. Indicado para pessoas tímidas.

Larimar. Atrai amigos. Facilita a comunicação, harmonizando as relações. Ideal para livrar a pessoa de sentimentos de inveja e raiva. Atrai boa sorte. Estimula a criatividade e combate a melancolia. Equilibra as energias yin-yang.

Malaquita. Atua no reconhecimento dos verdadeiros desejos. Ideal para quem não sabe cobrar o justo pelo seu trabalho. Também é útil para aqueles que se submetem ao outro como forma de demonstrar amor. Trabalha o medo de mudança e de crescimento. Atrai prosperidade. Ajuda a incorporar experiências espirituais ao mundo físico. Libera traumas do passado.

Obsidiana preta. Está relacionada ao instinto de sobrevivência e ao controle do ego. Sua utilização vai atrair energias mais puras. É um verdadeiro escudo contra energias negativas e ataques espirituais. Libera a raiva e sentimentos negativos, transmutando essas emoções em força positiva para a construção de algo novo. Afasta situações que envolvam traumas emocionais.

Olho de tigre. Para harmonizar a voz interior, para aqueles que se perderam de si mesmos. Traz estabilidade mental. Alivia sentimentos de raiva e agitação. Afasta sentimentos de inveja. Traz otimismo, discrição, disciplina sexual e paz. Equilibra as energias yin-yang. Induz à clarividência. Combate a letargia, os medos, as obsessões e as superstições.

Ônix. Equilibra as emoções e as paixões. Estimula a sensitividade. Traz objetivos nos pensamentos. Combate a apatia, o estresse mental e a ansiedade. Remove pensamentos negativos.

Pedra do sol. Ativa a luz interior e aumenta a vitalidade, afastando os medos em suas variadas formas. Eleva o poder de criatividade. Dissipa o medo e a ansiedade. Ajuda nas atividades intelectuais e sua força é excelente para atrair prosperidade.

Peridoto. Para quem tem dificuldade de enxergar a realidade e está sempre se enganando, dando desculpas a si mesmo.

Acalma a raiva e as tensões nervosas. Diminui o medo do fracasso. Aumenta a clarividência. Combate a depressão. Traz atitude positiva frente à vida.

Quartzo cristal. Para ajudar a clarear as escolhas em direção ao chamado da alma. Faz a conexão entre a consciência cósmica e o mundo material. Promove o equilíbrio em todos os níveis de energia, facilitando a percepção com seres superiores. Remove formas-pensamento negativas, eleva os pensamentos. Bom para fazer meditação. Equilibra as energias yin-yang.

Quartzo rosa. Também conhecido como a pedra do amor. Estimula o amor-próprio e o amor incondicional. Trabalha o poder do perdão em todas as suas formas. Alivia tristezas e solidão. Trabalha a raiva e a tensão.

Sodalita. Auxilia na intuição e limpa o corpo mental e emocional de crenças negativas, dissolvendo medos e culpas. Indicada para casos de fobias, pânicos, medo de voar e de dirigir automóvel. Combate os sentimentos de culpa. Melhora a autoestima. Equilibra as energias yin-yang. Promove a harmonia coletiva, a solidariedade.

Turmalina negra. Essa pedra é uma grande condutora de energia e ideal para proteger pessoas e ambientes contra energias negativas. Estimula a concentração e a coerência na tomada de decisões. Combate a ansiedade e o desequilíbrio emocional.

Turmalina rosa. Traz alegria e amor para as novas experiências da vida. Tem a capacidade de ajudar no desapego do passado para seguir a viagem da vida de forma mais livre.

Turquesa. Melhora a capacidade de se comunicar. Coloca a pessoa em harmonia com qualquer ambiente, além de trazer sorte, paz de espírito e prosperidade. É a pedra dos xamãs e pessoas que trabalham com a cura.

BANHO COM A FORÇA DOS CRISTAIS

Agora que você já conhece um pouco o poder dos cristais, poderá utilizar a força deles para equilibrar os corpos físico, mental e espiritual. Também poderá utilizá-los em banhos. O banho liberará as energias negativas que possam estar presas ao seu corpo, dando efeito revigorante.

Em um recipiente de vidro ou plástico, coloque dois litros de água e as pedras. Depois, deixe o recipiente em um local que possa passar a noite para que as pedras se conectem com a força da Lua. No dia seguinte, coloque o recipiente ao sol por pelo menos três horas. A seguir, retire o cristal e tome seu banho com a água energizada, jogando-a no corpo, sempre do pescoço para baixo.

MEDITAÇÃO COM CRISTAIS PARA EQUILIBRAR OS CHACRAS

Para fazer o alinhamento dos chacras com os cristais, indico a você uma meditação. Deite-se de maneira a se sentir bem, em uma posição confortável, com a barriga para cima e os cristais ao lado de cada um dos 7 chacras, de acordo com a orientação das cartas. Se preferir, coloque uma música de fundo para ajudá-lo a acalmar a mente.

Vamos iniciar o nosso relaxamento.

Feche os olhos. Procure manter mãos e pernas bem relaxadas e respire suave e profundamente, inspirando o ar até expandir o abdômen, segurando o ar, contando até 4; em seguida, solte o ar pela boca até sentir a sua barriga totalmente vazia, inspirando novamente pelo nariz, contando até 4, segurando o ar, contando até 4 e soltando o ar pela boca.

Sem abrir os olhos, repita por 4 vezes essa respiração e acalme a mente, sem pensar em nada, apenas sentindo sua própria respiração.

Continue deitado e mentalize as cores dos chacras, começando pelo básico, a cor vermelha. Dentro do seu tempo e com muita tranquilidade, você vai mudando para a cor laranja, trabalhando o chacra umbilical. Mais adiante, vai para o plexo solar, mentalizando a cor amarela.

Continue respirando suavemente e agora imagine a cor verde na região do seu cardíaco. Mais um pouco e subimos para o chacra laríngeo com a cor azul, bem tranquilamente. Agora, já podemos ir para a cor índigo no chacra frontal, promovendo uma limpeza mental e, por fim, o coronário, com a cor violeta. A cada movimento, permita-se sentir as batidas do seu coração e deixe seus pensamentos livres de qualquer julgamento e preocupação.

Quando sentir equilíbrio e bem-estar, abra os olhos suavemente e recolha os cristais. Depois dessa meditação, você poderá lavá-los em água corrente.[4]

ASSOCIAÇÃO DAS CARTAS COM OS CRISTAIS

Aqui você encontra uma forma simplificada de saber qual cristal corresponde a cada carta terapêutica.

---

4. Acesse a meditação guiada em: <www.fabiodantasterapeuta.com.br>.

CARTAS	CHACRAS	CRISTAIS
0. O ANDARILHO	BÁSICO, FRONTAL	GRANADA, LÁPIS-LAZÚLI
1. O MAGO	CORONÁRIO	AMETISTA
2. A SACERDOTISA	UMBILICAL	CALCITA LARANJA
3. A IMPERATRIZ	PLEXO SOLAR	CITRINO
4. O IMPERADOR	LARÍNGEO	ÁGUA-MARINHA
5. O SACERDOTE	CARDÍACO	QUARTZO ROSA
6. OS ENAMORADOS	BÁSICO	TURMALINA NEGRA
7. O CARRO	BÁSICO, CARDÍACO	OBSIDIANA PRETA, TURMALINA ROSA
8. A JUSTIÇA	PLEXO SOLAR	ÂMBAR
9. O EREMITA	FRONTAL	OLHO DE TIGRE
10. A RODA DA FORTUNA	CORONÁRIO, LARÍNGEO	AMAZONITA, LARIMAR
11. A FORÇA	UMBILICAL, PLEXO SOLAR	CORNALINA, PEDRA DO SOL
12. O PENDURADO	BÁSICO	ÔNIX
13. A MORTE	CARDÍACO	ÁGATA MUSGO
14. A TEMPERANÇA	FRONTAL	SODALITA
15. O DIABO	BÁSICO	JASPE-SANGUÍNEO
16. A TORRE	PLEXO SOLAR	PERIDOTO
17. A ESTRELA	CARDÍACO, CORONÁRIO	MALAQUITA, QUARTZO CRISTAL
18. A LUA	FRONTAL, CORONÁRIO	AZURITA, ÁGATA AZUL RENDADA
19. O SOL	CARDÍACO, LARÍNGEO	AVENTURINA, TURQUESA
20. O JULGAMENTO	LARÍNGEO	CALCEDÔNIA
21. O MUNDO	CORONÁRIO	FLUORITA

Capítulo 8

A AÇÃO TERAPÊUTICA DO BANHO DE ERVAS

Diversas civilizações e culturas milenares já se utilizavam dos efeitos curativos das plantas para a prevenção e cura de doenças, além de servirem-se delas para neutralizar energias negativas.

O banho de ervas, além de relaxar e perfumar o corpo e o ambiente, traz muitos benefícios, como retirar energias negativas, combater a insônia, tirar o cansaço físico e mental, afastar a ansiedade e auxiliar na elevação espiritual. No entanto, devemos ter muito cuidado ao manusear as ervas.

As ervas são classificadas em: quentes ou agressivas, mornas ou equilibrantes, frias ou específicas.

ERVAS QUENTES OU AGRESSIVAS São ervas que têm a capacidade de dissolver as larvas astrais, miasmas e cascões energéticos. A atuação dessas ervas é semelhante à utilização de um ácido, que tem alto poder de limpeza. São exemplos de ervas quentes: guiné, arruda, aroeira, jurema-preta, pinhão-roxo, bambu, espada-de-são-jorge, fumo, casca de alho, entre outras.

Você precisa ter muito cuidado ao manusear as ervas quentes, pois elas podem ser agressivas e desenvolver alergias, coceiras ou situações desagradáveis, a exemplo do que ocorre com a comigo-ninguém-pode.

Com relação ao intervalo entre um banho de erva quente e outro, recomenda-se pelo menos um ao dia.

Crianças menores de 7 anos não precisam tomar banho de ervas quentes ou agressivas, pois, do ponto de vista energético, as ervas mornas já promovem nas crianças o efeito desejado.

De igual forma, não é recomendada a utilização de ervas quentes para mulheres grávidas, em razão da sensibilidade e da perda energética que pode ocorrer durante o processo. Sugiro o uso de ervas mornas como a sálvia e o alecrim para fortalecimento da aura energética de proteção da gestante.

ERVAS MORNAS OU EQUILIBRANTES Esse tipo de erva tem a propriedade de equilibrar e restaurar nosso corpo energético da utilização de ervas quentes. Podem ser utilizadas sem restrições. São exemplos de ervas mornas: sálvia, alfavaca, alfazema, cana-do-brejo, erva-de-santa-maria, manjericão, verbena, alecrim, manjerona, hortelã, calêndula (flor), pitanga, camomila (flor), capim-cidreira, cravo-da-índia.

ERVAS FRIAS OU ESPECÍFICAS Ervas frias são as de uso específico, usadas para atrair bons fluidos e prosperidade, para a fitoterapia etc. São exemplos de ervas frias: macela (flor), algodoeiro, anis-estrelado, jasmim, louro, noz-moscada, angélica, sândalo, erva-de-santa-luzia, imburana (semente), entre outras.

ERVAS PARA BANHOS E SUAS FINALIDADES

Alecrim. Bastante utilizado para atrair a prosperidade e ajudar na abertura de caminhos, além de afastar a tristeza, revigorar, promover a clareza mental, combater o estresse, destruir as larvas astrais que possam impedir a caminhada, protegendo o chacra do plexo solar.

Amora. Além de revigorante, proporciona equilíbrio mental necessário para o chacra frontal.

Anis-estrelado. É uma especiaria muito utilizada. Por ter propriedades energéticas, é ideal para defumações, atuando para manter o bom humor e descarregar as energias negativas. Além disso, ajuda a despertar a intuição para as decisões que se fazem necessárias na jornada da vida, equilibrando o chacra básico.

Arruda. Afasta as energias de olho gordo, atrai a boa sorte. Dá segurança e elimina energias desarmônicas, principalmente para o restauro do chacra do plexo solar.

Aroeira (folhas). Utilizada para descarrego, afastando energias negativas de pessoas e ambientes. Equilibra a mente, principalmente o chacra coronário.

Bambu (folhas). Suas folhas são poderosas para eliminar energias negativas. Serve como um forte banho de descarrego, equilibrando o chacra do plexo solar.

Boldo-do-chile. Esse banho é para quem procura paz e ajuda espiritual, tirando da alma tudo que pesa e que o impede de prosseguir em seu caminho de realizações. Por esse motivo, atua no equilíbrio do chacra básico.

Camomila (folhas). Trabalha o não julgamento e é utilizada para acalmar e desenvolver o amor-próprio. Boa para promover o equilíbrio do chacra umbilical.

Canela em pau. Esse banho vai atuar na proteção física e espiritual, no amor, no sucesso, na purificação e proteção. Equilibra o chacra cardíaco.

Cravo-da-índia. Tem a força para ajudar a combater a inveja e afastar as energias negativas. Ajuda na atuação profissional, eleva a autoestima e melhora a vida afetiva. Atua na limpeza do chacra coronário.

Dente-de-leão. Atuar no chacra básico, trazendo mais coragem para enfrentar os obstáculos e afastar a tristeza.

Erva-doce. Acalma e harmoniza o ambiente por onde você andar, ligada ainda à capacidade de atrair prosperidade. Equilibra o coronário.

Erva-cidreira, capim-cidreira ou capim-limão. É uma erva que tranquiliza e acalma. Afasta a ansiedade e o medo. Equilibra o coronário.

Espinheira-santa. Banho para atrair prosperidade e se conectar com o Eu superior. Afasta as negatividades e dá ânimo. Ajuda a revigorar o chacra frontal.

Guiné ou Tipi. Esse banho é indicado para casos de tensão nervosa, de agitação, bem como de grande descarrego. Melhora a comunicação e atua no chacra laríngeo.

Hortelã. Ideal para retirar a sensação de cansaço, vencer o medo e dar coragem na abertura de caminhos e ganhos financeiros. Equilibra o chacra básico.

Jasmim. Tem propriedade relaxante e combate o estresse e a tensão, atuando no chacra frontal.

Laranjeira (flor). O banho de flor-de-laranjeira vai aliviar o estresse e a ansiedade, pois o perfume dessa flor inspira bons sentimentos e ajuda a destruir energias de tristeza. Também é um banho afrodisíaco. Equilibra o chacra umbilical.

Lavanda ou alfazema. Esse banho é ótimo para limpar ambientes carregados de energias negativas. Vai atuar como neutralizador de tais energias e deixar a sua mente mais tranquila. Revigora o chacra do plexo solar.

Limão (folhas). Poderoso na limpeza energética e espiritual. O limão simboliza o nosso coração por trazer sentimentos de amor e promover uma sensação de bem-estar. Limpeza do chacra cardíaco.

Louro (folhas). Essa erva possui atração da energia da prosperidade, abrindo portais de abundância em todos os sentidos. Auxilia também no combate ao cansaço, à falta de vitalidade e à absorção de energias negativas de outras pessoas. Equilibra o chacra básico.

Mangueira (folhas). O banho de folhas de mangueira fortalece o espírito, promove a purificação, tira o mau-olhado e ajuda na abertura de caminhos. Facilita a comunicação, atuando no chacra laríngeo.

Manjericão. Equilibra o chacra cardíaco, renovando as células do organismo. Afasta o desânimo, a moleza, as dores de cabeça e a insônia. Também é ótimo para promover a limpeza espiritual.

Noz-moscada. Exerce um grande papel na espiritualidade, pois tem forte ação na limpeza de energias ruins que estão rondando a pessoa. Além disso, atrai prosperidade, amor e saúde. Acelera a tomada de decisões. Equilibra o chacra laríngeo.

Pitangueira (folhas). Esse banho vai atrair prosperidade e proteção, pois afasta energias negativas de sua vida. Equilibra o chacra coronário.

Rosas brancas. Atraem paz interior e tranquilidade, atuando contra energias negativas. Despertam sentimentos de perdão e de compaixão. Ótimas para combater a insônia. Equilibram o chacra cardíaco.

Sabugueiro (flor). Aumenta a autoconfiança, principalmente nos processos de tomada de decisões. Energeticamente tem efeito calmante, equilibrando o chacra frontal.

Sálvia (folhas). Traz clareza mental para sanar dúvidas e combater a falta de ideias. É relaxante e você pode utilizar sempre que precisar de concentração, ou como em uma prova ou um concurso. Equilibra o chacra cardíaco.

COMO PREPARAR SEU BANHO DE ERVAS

Recomenda-se tomar o banho de ervas antes de dormir, pelo fato de causar sonolência e moleza no corpo e por retirar uma camada de energia densa de nossa aura.

Também é importante que você saiba diferenciar as ervas frescas das secas.

Muitas pessoas acham que as ervas secas não têm propriedades terapêuticas, mas esse pensamento é equivocado. As ervas estão apenas adormecidas e, por isso, precisamos fervê-las para despertar seus princípios ativos. É o mesmo procedimento que se segue ao preparar um chá.

Outra questão que muitas pessoas têm dúvida é se a mulher pode tomar banhos de ervas durante o período menstrual. Do ponto de vista energético, não há nada do banho que possa interferir no ciclo menstrual, pois ele tem uma ação diferente do chá.

Quanto à temperatura, o banho pode ser preparado quente ou frio. Se as ervas ou flores estiverem frescas, lave-as e coloque-as em uma bacia ou panela com água fria, passando a amassá-las com as mãos, mentalizando o equilíbrio energético. Esse processo é chamado de maceração. Em seguida, deixe-as descansar por uma hora. Em relação à quantidade, a proporção é um punhado de ervas para cada meio litro de água.

No caso das ervas secas, você deve fervê-las, em razão da ausência de sumo fresco nelas. Nesse caso, o ideal é deixar a água em ponto de fervura e colocar a erva dentro da panela para descansar um pouco e depois tampar o recipiente. Recomenda-se deixar a erva descansar por pelo menos trinta minutos.

Quando você for usar o preparado de ervas, poderá utilizar um coador e devolver as ervas à natureza, de preferência em um jardim, pois elas já fizeram a imantação de energias na água que serão absorvidas no banho.

Na hora que for tomar o banho, eleve seu pensamento e peça proteção.

Além de utilizar as ervas nos banhos, você pode utilizar o preparo para a limpeza de ambientes, passando no chão ou usando um borrifador.

Em cada carta terapêutica haverá uma sugestão de banho para equilibrar a situação que aparece no jogo.

ASSOCIAÇÃO DAS CARTAS COM OS BANHOS DE ERVAS

CARTAS	CHACRAS	BANHO
0. O ANDARILHO	BÁSICO, FRONTAL	DENTE-DE-LEÃO, JASMIM
1. O MAGO	CORONÁRIO	PITANGUEIRA (FOLHAS)
2. A SACERDOTISA	UMBILICAL	LARANJEIRA (FLOR)
3. A IMPERATRIZ	PLEXO SOLAR	LAVANDA OU ALFAZEMA
4. O IMPERADOR	LARÍNGEO	MANGUEIRA (FOLHAS)
5. O SACERDOTE	CARDÍACO	MANJERICÃO
6. OS ENAMORADOS	BÁSICO	ANIS-ESTRELADO
7. O CARRO	BÁSICO, CARDÍACO	HORTELÃ, LIMÃO (FOLHAS)
8. A JUSTIÇA	PLEXO SOLAR	ALECRIM
9. O EREMITA	FRONTAL	ESPINHEIRA-SANTA
10. A RODA DA FORTUNA	CORONÁRIO, LARÍNGEO	ERVA-DOCE, NOZ-MOSCADA
11. A FORÇA	UMBILICAL, PLEXO SOLAR	CAMOMILA, FOLHA DE BAMBU
12. O PENDURADO	BÁSICO	FOLHA DE LOURO
13. A MORTE	CARDÍACO	CANELA EM PAU
14. A TEMPERANÇA	FRONTAL	FOLHA DE AMORA
15. O DIABO	BÁSICO	BOLDO-DO-CHILE
16. A TORRE	PLEXO SOLAR	ARRUDA
17. A ESTRELA	CARDÍACO, CORONÁRIO	SÁLVIA, AROEIRA
18. A LUA	FRONTAL, CORONÁRIO	FLOR DE SABUGUEIRO, CRAVO-DA-ÍNDIA
19. O SOL	CARDÍACO, LARÍNGEO	ROSA BRANCA, GUINÉ/TIPI
20. O JULGAMENTO	LARÍNGEO	CAFÉ (FOLHAS)
21. O MUNDO	CORONÁRIO	ERVA-CIDREIRA

Capítulo 9

A NUMEROLOGIA E AS CARTAS TERAPÊUTICAS

MISSÃO DE VIDA

A numerologia é uma ciência que estuda os números e a influência deles sobre a vida das pessoas, por meio da interpretação das vibrações numéricas. O significado dos números influencia os aspectos importantes da vida pessoal do indivíduo em seus mais diversos aspectos, seja na personalidade, espiritualidade, vida financeira e amorosa, entre outros.

Portanto, através dessa ferramenta de autoconhecimento podem ser apontados os caminhos a seguir diante de cada perfil analisado, uma vez que ela mostra a tendência do comportamento de cada pessoa e o que cada um poderá atrair para sua vida. Com isso, podem-se minimizar os pontos fracos e ampliar as qualidades.

Segundo a numerologia, cada número é dotado de uma vibração ou essência individual que indica tendências de acontecimentos ou de personalidade, ajudando a escolher a melhor data para casamento, para aspectos da profissão, vida amorosa etc.

A data de nascimento proporciona a "missão de vida", da mesma forma que ocorre com o nome que recebemos ao nascer. Vamos focar nosso estudo na data de nascimento para encontrar a carta terapêutica de sua missão de vida, com as possíveis tendências.

COMO FAZER O CÁLCULO DO ARCANO PESSOAL
(MISSÃO DE VIDA)

Agora que você já conhece a jornada das cartas terapêuticas com os arcanos, aprenderá a fazer o cálculo da carta pessoal ou missão de vida.

É muito interessante conhecer o lado positivo e negativo de cada arcano, principalmente porque você pode verificar, por meio da sua data de nascimento, as infinitas possibilidades de sua jornada, para ajustar os padrões de sua vida que precisam de mudanças.

O somatório deve corresponder a um número que esteja entre 1 e 22, pois são as possibilidades dos arcanos maiores.

Caso o número seja maior que 22 (por exemplo, 28), deveremos somar novamente (2 + 8), restando o número 10.

Vamos aprender a fazer a soma?

Vejamos como encontrar o seu arquétipo de acordo com a data de seu nascimento. Partimos do exemplo de uma pessoa que nasceu no dia 13/12/1983. Nesse caso, devemos somar os números do dia, do mês e do ano, até formar um número que vá simbolizar uma das 22 cartas.

Nesse método, como temos 22 arcanos maiores, a redução só será feita a partir de 23.

Vejamos:

+   13
+   12
+ 1983
_____
= 2008 (total)

Depois de chegarmos ao total, vamos reduzi-lo da seguinte maneira:

2 + 0 + 0 + 8 = 10

O arcano 10 corresponde à Roda da Fortuna, o que significa que a pessoa com esse arquétipo poderá agregar os conhecimentos contidos nele para buscar o autoconhecimento e trabalhar de forma terapêutica para alcançar seu propósito de vida. Você pode compreender melhor as características de sua carta indo para a página respectiva.

NUMEROLOGIA DAS CARTAS TERAPÊUTICAS

Além da compreensão simbólica das figurações dos arcanos maiores, podemos ainda recorrer à linguagem numerológica. Vamos utilizar um recurso numerológico para estabelecer uma relação entre a carta e o número.

Agora vamos entender cada um desses números:

1. O MAGO significa o poder de iniciativa, grande habilidade e influência. É o início de tudo, o número da independência e da liberdade para a expressão de sua personalidade. É o número do líder natural e que orienta as demais pessoas, daquele que tem necessidade de ser o melhor em tudo o que faz. É aquela pessoa que todos procuram porque tem uma energia boa para passar. Mas cuidado para não desenvolver o lado negativo, que é a arrogância, o egoísmo, o ego dominante. Acredite em você, pois é forte e capaz. Mantenha a sua independência e terá muitas conquistas em sua vida.

No campo profissional tem habilidade para as seguintes áreas: desenho, gerência de departamento, comércio, carreira militar, promotoria e gerência de vendas.

2. A SACERDOTISA traz a dualidade. O número 2 sugere equilíbrio, auxílio e companhia. A Sacerdotisa é aquela que ampara. Isso significa que você é uma pessoa pacificadora, com habilidade de resolver situações de forma amigável. Com personalidade séria e fechada, não gosta de dar muita liberdade às pessoas. Se conectar-se ao lado negativo, poderá faltar autoconfiança e segurança na tomada de decisões, chegando ao ponto de deprimir-se quando não está em ambiente confortável. Tenha mais astúcia e colabore mais com as pessoas. Lute por suas conquistas.

No campo profissional tem habilidade para as seguintes áreas: diplomacia, advocacia, arbitragem, arquitetura, legislação, magistério, política, assistência social, medicina, psicologia, áreas que envolvam esoterismo e ocultismo.

3. A IMPERATRIZ representa uma pessoa muito expressiva, que ama a vida, o prazer pelos contatos sociais e entretenimento, bastante amorosa e carismática, que tem o dom da palavra. Consegue desenvolver várias atividades ao mesmo tempo. Corresponde à figura materna. É o número da parceria, de viagens, diante da importância do envolvimento em muitas experiências. Evite ficar em ambientes fechados e isolados. Aproveite a vibração para desenvolver e crescer em todas as áreas de sua vida, mas cuidado para não fazer muitas coisas ao mesmo tempo e causar desordem em sua vida. Precisa controlar mais o ciúme excessivo.

No campo profissional tem habilidade para as seguintes áreas: música, enfermagem, vendas, artesanato, magistratura, engenharia, sacerdócio, filosofia, áreas ligadas ao cinema, dança, comunicação social e estética.

4. O IMPERADOR denota grande autoridade material, estabilidade, ordem e segurança em sua vida. Tem senso de responsabilidade, honestidade e cautela. Se conectar-se ao lado negativo, pode ser uma pessoa rígida, teimosa. Pessoa de grande influência, grande líder, dona da verdade, observadora nata. Trabalhe com persistência que alcançará estabilidade e segurança. Cuidado com o estresse e a insensibilidade. Busque mais cautela para não ser tão ríspido.

No campo profissional tem habilidade para as seguintes áreas: executiva, contabilidade, matemática, direito, engenharia, atividades empresariais, política, militar e mecânica.

5. O SACERDOTE como arcano significa o grande poder de organização, de inteligência, de criatividade, de capacidade de executar qualquer tarefa, pois o estudo é um grande aliado desse arquétipo. Na vida afetiva possui estabilidade emocional e fidelidade em seus sentimentos. Cuidado para não cobrar demais de seu parceiro.

No campo profissional tem habilidade para as seguintes áreas: psicologia, magistério, odontologia, medicina, sacerdócio, teatro, engenharia e serviço social.

6. OS ENAMORADOS sintetiza energias sociais e familiares. É uma pessoa que sempre adia as decisões, por isso representa o momento de tomada de decisões. Evite acomodação e apego excessivo aos familiares. Precisa aprender mais a conviver com outras pessoas. Dúvidas e ansiedades podem ser desencadeadas se não se cuidar. Evite acomodação, desleixo e ciúme.

No campo profissional tem habilidade para as seguintes áreas: dança, moda, pintura, escultura, arquitetura, web design, marcenaria, escrita e design de interiores.

7. O CARRO traz a força e determinação de partir para novos projetos. É característica de pessoas que são dinâmicas e têm magnetismo, jamais se deixando influenciar pelos outros. São aquelas que têm presença marcante e são ansiosas. Gostam de conforto e, se as tarefas não saem do seu jeito, ficam mal-humoradas. Bem intensas no campo amoroso.

No campo profissional, são pessoas com habilidade para as seguintes áreas: relações internacionais, vendas, política, esoterismo, astrologia, fotografia, biblioteconomia, arqueologia, terapia e pesquisa.

8. A JUSTIÇA mostra o grande poder de decisão em suas mãos. É uma carta que traz uma força máxima de potência da verdade e da responsabilidade em relação a si mesmo. Tem força de vontade e habilidade para canalizar as energias necessárias a fim de alcançar seus objetivos. Adora ajudar as pessoas e sempre está buscando a imparcialidade. Tem dificuldade de expressar os sentimentos. Cuidado para não julgar os outros. Deve aprender a pedir ajuda às pessoas.

No campo profissional tem habilidade para as seguintes áreas: direito, informática, administração, contabilidade, perícia, política, engenharia, filantropia e arquitetura.

9. O EREMITA mostra a necessidade de autodescoberta, de atingir a maturidade e a sabedoria. É hora de silenciar acerca de seus planos. Tem potencial premonitório e uma espiritualidade atuante. É uma pessoa calada e observadora. Solitária por opção, adora meditar. Tem dificuldade de esquecer o passado.

No campo profissional tem habilidade para as seguintes áreas: medicina, magistério, vocação religiosa, diplomacia, música, advocacia, cura espiritual, serviço social, filosofia e esoterismo.

10. A RODA DA FORTUNA mostra traços da personalidade de uma pessoa dinâmica, inteligente e sensível. Pelo fato de estar sempre querendo mudança, tende à ansiedade e hiperatividade. Apresenta variação de humor, desprendendo energia de forma desnecessária.

No campo profissional tem habilidade para as seguintes áreas: publicidade, jornalismo, relações públicas, marketing, informática e profissões autônomas.

11. A FORÇA indica uma personalidade voltada para o poder intuitivo, a clarividência. Traz características de uma pessoa que possui bom caráter, mas sua honestidade será sempre testada. Possui inteligência, carisma, poder de atuação profissional e liderança nata. Transmite segurança. Cuidado para não se tornar uma pessoa intolerante e reprimir seus sentimentos.

No campo profissional tem habilidade para as seguintes áreas: psicanálise, psicologia, terapias holísticas, administração de empresas e pesquisa.

12. O PENDURADO mostra a necessidade de lutar para sair de crises internas e externas em vários aspectos de sua vida. Pessoa que está sempre disposta a ajudar familiares e amigos, mesmo que tenha de se sacrificar para isso. Suporta muito sofrimento, pelo fato de ter fé na espiritualidade. Tendência à melancolia e a sofrer calado.

No campo profissional tem habilidade para as seguintes áreas: magistério, serviço social, medicina, música, filosofia e artes.

13. A MORTE traz a característica de pessoa verdadeira e racional em todos os aspectos da vida. Demonstra tristeza e dificuldades de relacionamentos, por medo de perdas. Isso faz com que a convivência com outras pessoas seja desgastante. Cuidado para não viver em estado de desconfiança e agressividade.

No campo profissional tem habilidade para as seguintes áreas: fisioterapia, enfermagem, agricultura e pecuária, magistério e escrita.

14. A TEMPERANÇA mostra que a paciência é uma virtude para atingir o equilíbrio e a realização dos seus desejos. Traz a característica da pessoa serena e altruísta, que sempre está planejando e esperando o momento certo para atingir seus objetivos, ficando insatisfeita quando não os alcança. As coisas demoram porque planeja muito.

No campo profissional tem habilidade para as seguintes áreas: homeopatia, química, engenharia, esoterismo e terapias holísticas.

15. O DIABO mostra traços de personalidade inteligente, sensual, estratégica. Pessoa que assume muitos riscos na vida, pois tem sempre autoconfiança. Tem liderança e, quando os outros não fazem o planejado, tem tendência à agressividade. Diante da ligação a bens materiais, precisa ter cuidado para não se envolver com negócios escusos. Sua sexualidade é bem atuante.

No campo profissional tem habilidade para as seguintes áreas: corretagem de imóveis, bolsa de valores, edificações, nutrição e culinária.

16. A TORRE traz a característica de personalidade com ideias inovadoras, que adora mudar as regras. Tem tendência a gastar mais do que pode. Nas relações pessoais tem traços de incompreensão, ciúmes e sentimentos de posse. Personalidade voltada para sofrer nas mãos de outras pessoas. Precisa trabalhar o sentimento de perda.

No campo profissional tem habilidade para as seguintes áreas: engenharia, metalurgia, direito, diplomacia, esoterismo e sacerdócio.

17. A ESTRELA traz características de personalidade amiga e honesta, que adora ajudar os outros. A sua bondade pode atrapalhar e fazer com que as pessoas a manipulem. Sempre é enganada e repete os mesmos erros.

No campo profissional tem habilidade para as seguintes áreas: meteorologia, agronomia, veterinária, fisioterapia, esoterismo e informática.

18. A LUA indica traço de personalidade de pessoa sábia, intuitiva, sonhadora, que está sempre em busca do autoconhecimento. Tem tendência a acessar pensamentos negativos e retornar a situações do passado. Pode apresentar confusão mental e desenvolver dupla personalidade, timidez, insegurança e medo. O perdão é o grande desafio para o alcance da felicidade.

No campo profissional tem habilidade para as seguintes áreas: psicologia, artes cênicas, filosofia, literatura e ciências ocultas.

19. O SOL demonstra traços de personalidade com tendência à sinceridade e felicidade, pois é uma pessoa que sempre busca o lado positivo dos outros. Adapta-se em qualquer ambiente, mas o excesso de otimismo pode levar ao deslumbramento. Tem que ter cuidado para não atrair inveja e ciúme das pessoas.

No campo profissional tem habilidade para as seguintes áreas: artes, paisagismo, atividades físicas, esoterismo e música.

20. O JULGAMENTO mostra traços de personalidade de dinamismo, renovação, da verdade. É sempre alguém que tem ideias revolucionárias e muda sempre de trabalho e de residência. Tem dificuldade de perdoar as pessoas que o magoaram. Por isso essa carta pode representar um desejo de renovação, de transcendência, de ouvir novos chamados e de viver novidades.

No campo profissional tem habilidade para as seguintes áreas: arquitetura, esoterismo, vocação religiosa, psiquiatria e psicanálise.

21. O MUNDO significa a perfeição, a busca pelo seu melhor momento. É uma pessoa que tem muito charme, inteligência, que sabe planejar bem qualquer projeto e busca sempre aprimorar seus conhecimentos. Sempre quer a perfeição pessoal e do próximo e, por isso, se chateia com atitudes negativas. É preciso relaxar mais para não ficar dispersa.

No campo profissional tem habilidade para as seguintes áreas: administração, magistério, política, direito e economia.

22. O ANDARILHO, casa 0 (início e o fim de uma jornada), na missão de vida corresponde ao número 22. Tirar esse arcano pessoal com base na numerologia significa incerteza, recomeço, tal qual a figura do andarilho, aventurando-se, arriscando-se e lançando-se no abismo em busca de uma nova situação. É o arcano da pessoa irreverente, criativa, impulsiva e aventureira, que não gosta de criar laços.

No campo profissional tem habilidade para as seguintes áreas: jornalismo, produção de eventos, invenções, marketing, artes, condução de veículos, aviação, produção de filmes e trabalhos criativos de modo geral.

Como você pode ver, os números podem ajudá-lo na compreensão de traços da personalidade. Além das características anteriores, você pode ir para cada carta e verificar a leitura dos arcanos e suas definições nos campos das finanças, vida social, familiar, trabalho, amor, saúde e espiritualidade.

Por fim, verifique a carta terapêutica e a mensagem final, pois alguns comportamentos nossos podem ser compreendidos por meio do direcionamento das cartas.

CAPÍTULO 10

A FORÇA DOS SALMOS

Na tradição religiosa judaico-cristã, o salmo é uma maneira de cantar e louvar a Deus de diferentes maneiras, expressando devoção, gratidão e comunicação com a força divina.

As civilizações da Antiguidade, anteriores à tradição judaico-cristã, já se comunicavam com seus deuses através de cânticos. Moisés, Davi e Salomão foram alguns dos inspiradores desses cantos, como forma de educar o povo nos valores religiosos e fortalecer a fé.

Os salmos têm um efeito tranquilizador, pois trazem mensagens de otimismo e de esperança e são utilizados com muita força para diversas situações.

Ao final de cada carta terapêutica existe um salmo correspondente àquela situação que precisa ser trabalhada e equilibrada.

Veja a seguir a indicação do salmo de acordo com as cartas.

0. O ANDARILHO – SALMO 91 Pode ser usado para todas as horas de necessidade, para agradecer e pedir proteção para tudo e todos.

1. O MAGO – SALMO 75 Para pôr fim às batalhas, guerras pessoais e poderes que bloqueiam o progresso e a paz.

2. A SACERDOTISA – SALMO 77 Para atrair o equilíbrio entre corpo e espírito, alcançar a sabedoria e descobrir a verdadeira vocação.

3. A IMPERATRIZ – SALMO 93 Para viver bem em sociedade, com paz, alegria, compreensão, carinho e muito respeito.

4. O IMPERADOR – SALMO 144 Para superar as dificuldades do dia a dia, tomar a decisão certa e acelerar a solução de um problema complicado.

5. O SACERDOTE – SALMO 110 Para agradecer a Deus as bênçãos e se livrar de assuntos angustiantes, como as tristezas, os males do corpo e da mente.

6. OS ENAMORADOS – SALMO 16 Para receber um conselho certo sobre uma decisão importante, como novos negócios, sociedades ou casamento.

7. O CARRO – SALMO 64 Para esclarecer verdades ocultas e revelar mistérios que bloqueiam os caminhos para o sucesso.

8. A JUSTIÇA – SALMO 45 Para superar as dificuldades e atrair sorte nos campos profissional, emocional e espiritual.

9. O EREMITA – SALMO 119 Para a realização de todos os seus sonhos no campo do amor, do trabalho e das finanças.

10. A RODA DA FORTUNA – SALMO 107 Para evitar ataques de desafetos.

11. A FORÇA – SALMO 19 Para atrair boas vibrações, atrair a sorte e o êxito em todos os setores da sua vida.

12. O PENDURADO – SALMO 8 Para receber revelações através dos sonhos e para combater o desânimo e a depressão.

13. A MORTE – SALMO 27 Para descobrir falsos amigos e pessoas que costumam nos atacar injustamente.

14. A TEMPERANÇA – SALMO 28 Para ter mais proteção nos seus caminhos.

15. O DIABO – SALMO 23 Para afastar as aflições do espírito, as pessoas falsas e para conquistar um coração mais puro.

16. A TORRE – SALMO 146 Para se fortalecer diante das fraquezas, do medo, das dúvidas e das desconfianças.

17. A ESTRELA – SALMO 128 Para fortalecer a sua fé em Deus, afastar o mal e vencer os inimigos.

18. A LUA – SALMO 111 Para despertar o amor e o carinho, atrair a felicidade e os bons momentos ao lado de alguém especial.

19. O SOL – SALMO 121 Para obter a graça divina, buscando fortalecer e iluminar a sua espiritualidade.

20. O JULGAMENTO – SALMO 58 Para proteger-se de ladrões, assassinos, bandidos e todo tipo de opressão.

21. O MUNDO – SALMO 21 Para aumentar a sintonia entre os casais, promover a felicidade conjugal e afastar as traições.

REFERÊNCIAS BIBLIOGRÁFICAS

BARTLETT, Sarah. *A bíblia do tarô*. O guia definitivo das tiragens e do significado dos arcanos maiores e menores. São Paulo: Pensamento, 2016.

CAMARGO, Adriano. *Rituais com ervas*. Banhos, defumações e benzimentos. 3. ed. São Paulo: Livre Expressão, 2014.

DE'CARLI, Johnny. *Reiki universal*. São Paulo: Butterfly, 2014.

JAVANE, Faith. BUNKER, Dusty. *A numerologia e o triângulo divino*. São Paulo: Pensamento, 2017.

LARA, Berenice de. *Elixires de cristais*. Novo horizonte da cura interior. São Paulo: Biblioteca 24 Horas, 2016.

____. *A cura dos chakras com cristais*. Manual prático para conquistar o equilíbrio emocional e físico. São Paulo: Pensamento, 2017.

____. *A essência dos cristais e metais*. Seu uso terapêutico nas terapias naturais. Rio de Janeiro: Travassos Publicações, 2017.

LEADBEATER, C. W. *Os chacras*. Os centros magnéticos vitais do ser humano. São Paulo: Pensamento, 2000.

NICHOLS, Sallie. *Jung e o tarô*. Uma jornada arquetípica. 9. ed. São Paulo: Cultrix, 2001.

PRAMAD, Veet. *Curso de tarô e seu uso terapêutico*. 4. ed. São Paulo: Madras, 2014.

WILLS, Pauline. *Manual de cura pela cor.* Um programa completo de cromoterapia. 1. ed. São Paulo: Pensamento, 2002.

**Acreditamos
nos livros**

Este livro foi composto em Garamond e Bliss Pro e impresso pela Gráfica Santa Marta para Editora Planeta do Brasil em agosto de 2022